Acquistando questo libro contribuisci a sostenere la **Associazione San Giuseppe Imprenditore** e il servizio **Telefono Arancione**.

L'Associazione si prefigge inoltre l'impegno di assistere sul piano umano e psicologico gli imprenditori in difficoltà economica e di accompagnarli nei momenti decisionali mettendo a disposizione l'esperienza di colleghi che hanno già vissuto tali problematiche, ritenendo che, frenato l'orgoglio ed allontanata la vergogna, solo colloqui sinceri tra imprenditori possano lucidamente e tempestivamente suggerire, prima che sia troppo tardi e senza indugio, le decisioni da prendere.

www.sangiuseppeimprenditore.it

1

Il **Telefono Arancione** è il primo servizio di aiuto gestito da ex-imprenditori, al quale imprenditori alle prese con situazioni personali difficili o di grave rischio per l'azienda possono rivolgersi in forma totalmente anonima, trovando ascolto, consigli e il supporto gratuito di professionisti che analizzano la situazione e suggeriscono soluzioni fattibili, prima di gravi coinvolgimenti familiari o tragiche decisioni personali.

INTRODUZIONE

Io non solo sono quello che non ci crede, ma proprio non ci penso, non ne voglio sapere, tocco quello che conosco, esploro qualunque cosa ma non mi presto a credenze altrui, perlomeno finché non ho avuto modo di verificare, sperimentare, sono pragmatico, materialista, esperienzale, ateo, miscredente, anarchico, algoritmico che ne so? E non è secondo me una questione di carattere ma proprio di anima, le cose si sentono, si percepiscono e una parte di noi è perfettamente in grado di monitorare tutto quello che accade.

Semplicemente, spesso se non quasi sempre, andiamo controcorrente, seguendo impulsi di altro genere: le necessità, le abitudini, i doveri... infinite distrazioni dal nostro percorso di origine ci portano altrove, fuori dai progetti, dai sogni e dai desideri e tutto questo per trovarci un giorno, disincantati, a smarrire il senso delle cose, il piacere di vivere, la gioia, la fiducia, la stima, il senso stesso della realtà che ci circonda.

Di sicuro ero così, in parte so di esserlo ancora ma qualcosa è successo, un paio di anni fa che ha cambiato la mia vita persino contro la mia apparente volontà, un episodio che è sfuggito al controllo delle mie azioni ma, fino a lì, è ancora tutto molto semplice da capire e decifrare, ma non finisce lì, non è finita anzi... è iniziata da quel momento una specie di vita parallela che mi ha condotto, guidato o persino sfruttato per uno scopo, un traguardo, una missione: la mia missione.

Potrei dirlo in vari modi:
"La mia missione"
ma anche:
"La mia missione!!!"
o ancora:
"La mia missione???"

Poco importa, quel che conta è che sto vivendo un arco molto particolare di esistenza in cui sono per metà me stesso, autore e fautore del mio cammino e per l'altra

5

metà... bho... non capisco o meglio: capisco che è difficile da capire, spiegare, pensare, accettare, ecco il casino di origine!

Sono perfettamente convinto che sto mettendo in moto una infinità di cose che mi porterà a raggiungere obiettivi meravigliosi, straordinari, risultati assolutamente ed estremamente gratificanti che premieranno gli enormi, veramente e mostruosamente enormi sacrifici fatti da qualche anno ad oggi.

In me ne sono certo, ed è questo che, curiosamente, intendo cronologicamente documentare ora, scrivendo appunto cosa è accaduto e, man mano, cosa accade, perchè a modo suo è semplicemente straordinario. Se tutto è come sento che sia, è veramente straordinario e allora queste righe, queste parole, questa storia saranno un documento eccezionale che travalica una infinità di certezze umane, bypassa canoni e formule scientifiche per creare nuovi orizzonti e aprire nuove frontiere di pensiero, di vita, di conoscenza.

Presuntuoso? No... non sono mica io a dire queste cose io, come dicevo, sono in parte ancora agnostico, ostico e paragnostico insomma... non sono uno di quei creduloni che se dici A ripetono: AAAAhhhhhh e se dici B ripetono: "Biiiiiiiiiiiiiiii"
No... io sono diverso e forse lì sta la fregatura, che mi hanno preso a cavia, come teste o per un test che cavolo ne so? O magari ho vinto un premio alla Grande Lotteria della Storia Contemporanea, o qualche geniale personaggio ci ha lasciato e ha pensato bene di venire a reincarnarsi in me senza neppure accertarsi che fossi crepato? O magari pure quello, come faccio a dirlo? Un urto, un colpo e via... sono andato altrove e ora non sono più io ma un nuovo inquilino, o magari ci siamo entrambi un pò scomodi... Un bel dualismo, non c'è che dire! O anche "bipolarismo" come direbbero in molti... certo che se vado da uno psicologo non ci faccio bella figura, se vado da un esoterico ne approfitta per man-

6

giarmi via ogni sorta di bene patrimoniale, se vado da uno scienziato mi riporta allo status precedente di assoluta diffidenza e se vado da uno di quei buffi santoni moderni è la volta buona che mi sciroppo quel poco cervello rimasto e vado a pensare storie malate di ogni genere. E in effetti, questo più o meno sta accadendo, visto che poi le ho percorse tutte queste strade, ci sono passato, le ho vissute, toccate, conosciute, ho raccolto di tutto, seminato ovunque e una volta pensavo fosse solamente e semplicemente il mio percorso di vita poi...

CRACK

O anche:

SDENG

oppure

DING!!!

E' successo quel giorno in cui tutto si è rigirato, rivoltato, ribellato, modificato, aperto, sono nate visioni, percezioni, illuminazioni, ho percepito voci e suoni diversi, la mia mente ostile ha cominciato ad essere letteralmente massacrata da pensieri nuovi, diversi, completamente innovativi e, per assurdo, perfetti; ho cercato di oppormi con la ragione ma tutto mi ha portato altrove, niente di male anzi, la direzione è splendida ma la realtà mi costringeva a vedere le cose diversamente e soprattutto a cercare, per l'appunto, di restare aderente alla realtà stessa, terrena, materiale, umanica come dico io...

Non è servito a nulla, ora sono qui, sono passati 46 mesi che non sono proprio 5 minutini, non solo non è cambiato nulla ma tutto e proprio tutto è sempre andato continuamente in quella direzione, tutto. E questo cosa significa?

Che il destino è già scritto?
Che non esiste libero arbitrio?
Che non sono padrone delle mie scelte?
Che sono solamente uno stupido burattino nelle mani di un teatrante?
Che sono stato eletto per sperimentare una straordinaria esperienza innovativa e rivoluzionaria?

Che sono uno sfigato pazzesco che si è frullato il cervello?
Non lo so.

Razionalmente, drammaticamente la mia risposta è:
NON LO SO

Ed è un casino, perché non so nulla, non conosco, non capisco ma anche qui il discorso è appunto in altri termini: non c'è nulla da conoscere, nulla da capire, non ci sono domande e quindi non occorrono risposte.

L'argomento è di altro genere, è su un piano diverso, uno strato diverso, una dimensione distinta e non ho alternativa: o seguo il disegno o lo seguo.

Ho provato ad oppormi in ogni modo, con la ragione, con la logica, cercando di restare con i piedi per terra, opponendomi volutamente a qualcosa che non era frutto del mio pensiero, ho provato a fare altre cose, seguire percorsi di altro genere ma niente da fare e siccome oggi sento che sta per accadere quello che 46 mesi fa è iniziato a incubarsi nella mia anima come un seme fecondato ecco che ne approfitto per scrivere una specie di diario cronologico di questo transito tra il prima e il dopo, cercando di vivere e documentare quello che dentro di me sto interpretando come un passaggio, un varco tra mondi e vite diverse, qualcosa di veramente potente e alla peggio non è così e questo sarà solamente un reperto di lucida follia.

Poi, se anche fosse, non sono io a decidere, faccio quello che è prestabilito a meno che io abbia anche dei grandi poteri creativi cosa che in fondo ci sta, mi hanno sempre dato del piccolo genio quando ero piccolo e del genio più avanti, sempre... ma io la mia genialità... bho! non è che l'abbia mai percepita sto granché, al limite percepisco la mediocrità altrui, la superficialità che mi circonda e magari è li che inciampo e quello che a me sembra normale per altri è geniale, che ne so? però posso dire una cosa?

Io non sto comunque vivendo bene, ma veramente no, poi ho passato di peggio, ci mancherebbe... e sono perfettamente consapevole di quante persone hanno avuto problemi, difficoltà, tormenti e dolori, casini enormi mentre io non è che passeggio tra rose e fiori però vivo e sopravvivo in un contesto accettabile sotto ogni punto di vista anzi... per ora sto bene, salute discreta, ho la spinta energetica ed emotiva di questo momento imminente che non posso sapere se sia vero o falso perchè non è questo il piano di lettura: posso solo viverlo!

Non ho scelta.

E ho deciso di viverlo!

Lo vedo sempre più chiaro, sempre più preciso, come un varco una volta lontano e sfumato nell'indefinito orizzonte e ora qui, tangibile e cosciente, definito, visibile, quasi toccabile, davanti a me.
La mia sfera cosciente, ammetto, se la fa sotto, ma quella incosciente a modo suo ci sta dentro e gode, si diverte, si emoziona... Sì!!!

Perché sta per accadere qualcosa di straordinario, che di per sè potrebbe anche essere visto come una qualunque storia di vita in cui uno, dopo anni di difficoltà di ogni genere, realizza sè stesso e i propri sogni. Eppure sento che andrò oltre, molto ma molto oltre e tutto questo sarà solo un principio, uno starter, un primo gradino di una scalinata immensa perfettamente dipinta ai miei occhi e al momento però non so ancora nulla: è un sipario che si apre millimetro dopo millimetro da 46 mesi ad oggi e ancora non mi ha rivelato il palcoscenico, le scenografie, la trama... non so nulla.

La mia unica risposta a qualunque cosa, ancora adesso è e resta sempre e comunque e ovunque il:

"NON LO SO!"

Devo però a questo punto iniziare a fare ordine ma non per me... che ho a modo mio le idee chiare, ma per te che stai leggendo, che non puoi sapere né capire, per ora...

Mettiti buono, quindi, un pò di pazienza, fiducia e serenità... Non so ancora nulla, se sto per scrivere fandonie o meraviglie, una storia o un trattato, un saggio o una follia, credimi:

"NON LO SO!"

Scrivo e scriverò man mano che accade, sento che è così che devo fare e così faccio, eseguo ordini, adempio i miei doveri, presto le dita a qualcuno bisognoso di un interprete tra un altrove e la nostra realtà?
Scusate se mi ripeto ma ancora una volta la risposta è:

"NON LO SO!"

Per questo magari, per creare anche un po' di ordine, una cronologia e a mia volta riordinarmi le idee è bene fare un po' di storia ok?

Ci provo, vediamo cosa salta fuori, dai... partiamo!!!

Paolo Goglio
(almeno credo di essere io.. o lui... non lo so!)

presenta

Fuori controllo

Forme di Pensiero nella follia di una rotta nuova

La felicità esiste!!!

"Votate... votate!!!... ma soprattutto Votatemi!!!

Sì! Votate ME!

Perchè sono più bello, sorrido, sono felice! Onesto! Since-ro! Intelligente! Ho una famiglia modello! Sono un ottimo esempio!

E soprattutto parlo bene, sono convincente ma anche determinato, sì! Alzo la voce, grido, urlo! Accuso tutto e tutti! Le cose possono cambiare e solo io, solamente NOI possiamo farlo! Vinceremo le elezioni se MI VOTATE!!! Fa-telo!"

Incredibile tutto questo no?

Individui malati di potere, successo e denaro che star-nazzano ipocrisia mendicando voti! Proprio così! Sono MENDICANTI! Accattoni! Disposti a tutto per avere il tuo voto! Manipolarti, contare balle stratosferiche! Togliere la tassa sulla casa per metterla sulla birra e sulla cocacola, sugli animali domestici o sul formaggio! Cercano di capi-re dove sta il tuo principale malumore e su quello basa-no la campagna politica, milioni di euro, propaganda strategica, buffonate televisive! **NESSUNO** parla di politi-ca, benessere, amore, **NESSUNO**!

Una zuffa penosa tra assetati di potere, malati, perversi, ignobili e meschini, ridicoli e falsi come falso è il loro sorri-so, false le parole, falso il messaggio, il segnale, la pro-messa.

Povere vittime del loro stesso meccanismo: **il potere è una dipendenza**, molto più forte delle droghe chimiche, perchè si associa ad altre dipendenze che ne conseguo-no, quella del denaro, quella del successo, fama, gloria imperitura, vincere!!!

Ma purtroppo anche la sofferenza è una dipendenza, pensateci bene! Essere felici è uno stato d'animo che non dipende assolutamente da quello che abbiamo o facciamo e meno che mai dall'abito che indossiamo, dal quartiere in cui viviamo, dalla posizione geografica e meno che mai da quella sociale.

Dipende solamente da noi, da come ci relazioniamo e da come gli altri si relazionano con noi.

Certo, se tutti si relazionano male con noi, se tutti sono infelici, bloccati, chiusi, incazzati, tristi e noiosi noi saremo infelici, amareggiati, vorremmo che tutti sorridono e si abbracciano e invece no! sono litigiosi, sono in crisi!

SIAMO TUTTI IN CRISI

La crisi mondiale!

Quindi siamo tutti infelici!

E COSA POSSIAMO FARE ALLORA???

Per esempio comprarci un paio di scarpe nuove, no? Di solito funziona così, oppure andare dal parrucchiere e farci più belli.

Concederci un piccolo regalo, un pensiero, una attenzione... Sì, dovrebbe essere così ma cos'è una attenzione per noi stessi? Un acquisto!!! Che idea no? Lo dicono anche gli psicologi! Sei triste? sei depresso? comprati qualcosa, tingiti i capelli, in poche parole... maschera la tua infelicità con qualcosa di apparente!

Lo dice soprattutto la pubblicità.

Tutte le pubblicità sono basate sulla felicità, o sull'accusa.

TUTTE

Usa questo rasoio e sarai un uomo di successo, quindi felice! Ma cosa può centrare la felicità con il rasoio? e il successo?

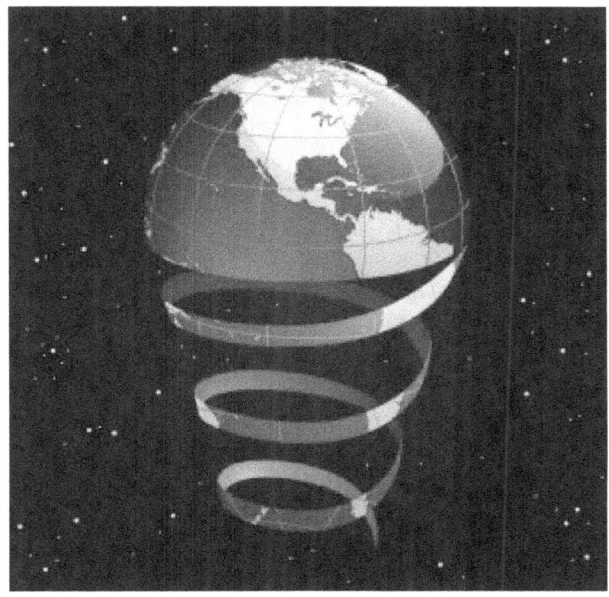

Vestiti elegante e sarai felice, vestiti alla moda e sarai più felice ancora!

Se vai in vacanza al mare sarai felice ma se questo mare si chiama Montecarlo o Costa Smeralda sarai più felice ancora, sì! Perchè i grandi, i vip vanno tutti lì, fateci caso! E se tu ci vai significa che sei grande, ricco e bello. Fateci caso: i posti dei vip sono tutti i più brutti, i più stupidi, quelli sputtanati dall'edilizia, dove tutto costa il triplo, il quadruplo! Per avere un ambiente gelido e ridicolo dove tutti ti fanno l'inchino, camerieri leccaculo che ti rifilano un vino pregiato, ristoranti e hotel elegantissimi dove è d'obbligo la giacca, il pantalone lungo, il dressage, il codice! Così prima ti danno del LEI e poi ti chiedono la carta di credito! Fantastico no?

E tu gli dai la tua splendida Gold Card, Platinum Card e mentre gliela consegni ti senti un VIP, meraviglioso! E comodo soprattutto, non devi più pensare a nulla perchè sei in vacanza, ti devi rilassare, pensano a tutto loro, persino ad addebitarti ogni singola spesa così non devi nemmeno maneggiare il denaro e ogni passo che fai, ogni cosa che tocchi, ogni bevanda, ogni caffè, il lettino, l'ombrellone, il gelato e il giornale sarà addebitato sul tuo conto senza la scomoda scomodità di pagarlo manualmente!

Poi... ti annoi, ti rompi, senti che tutto questo è molto stupido ma non capisci perchè, in fondo sono tutti lì, si divertono, ridono... o forse no! Sono tutti più tristi e ridicoli che mai ma che importanza ha? L'ambiente è così bello, elegante e poi... quanto saranno invidiosi gli amici e le amiche quando manderai la cartolina da una località di villeggiatura "VIP"?

Sono dei paradossi drammatici che invertono completamente la scala dei valori.

D'altra parte è tutto, ma proprio tutto conformato in questa direzione!

TUTTO!!!

A scuola sei bravo se prendi un bel voto e sei cattivo se non hai una buona condotta. Ma questa gratificazione di origine viene validata solamente se la madre o il padre ti gratificano, magari con un sorriso, un bacio... se ti dessero un ceffone quando prendi un bel voto saresti contento? No di certo! La gioia non è prendere 7-8-9 o 10 con lode ma il piacere di vedere la mamma o il papà contenti grazie a te! Ed è così, perchè loro sono ormai inseriti in un contesto sociale dove la gioia è cosa rara e tu puoi dargliela, **veramente** in questo caso! E se sei in una famiglia elegante vestirai elegante, se sei in una famiglia semplice sarai semplice. E via via mischiando le carte in tavola sviluppi e crescerai, alcune cose diventeranno un valore, altre le cambierai proprio perchè hai scoperto valori diversi, che derivano dalle tue esperienze. E ogni volta che un percorso ti rende infelice cercherai di cambiarlo, mentre consoliderai quello che ti rende felice.

Ma in molte cose ormai sei già prestampato, protocollato. Sarai felice se: avrai lavoro, famiglia, figli, salute, denaro, carriera e successo, una bella casa e tante belle cose, tantissime!

Poi le hai, le avrai, ma qualcosa non va... c'è sempre qualcosa non va perchè hai edificato fuori dal tuo cuore seguendo un percorso sociale che non è necessariamente sbagliato, è solo "*spostato*".

Hai mai visto una pubblicità che ti invita a meditare, passeggiare a piedi nudi sulla sabbia, guardare un tramonto, le nuvole o le stelle, osservare un insetto, una formica, un fiore, una rondine? MAI!!! Si usano al limite questi modelli di felicità reale per abbinarli ad un oggetto di consumo!

Il televisore ad alta definzione che cosa riproduce? Splendide cascate, paesaggi incantevoli, fiori colorati! E il telefonino di ultimissima generazione cos'ha sul display?

Le stesse cose! E la famiglia felice che gioca sorridente cosa mette in tavola? La pasta Barilla o il riso Scotti? Eccola, la felicità: comprare questa automobile, avere una casa pulita e profumata dove tutti sono felici perchè la mamma usa l'ammorbidente Coccolino, dove tutti stanno bene perchè si usa il disinfettante, dove tutti sorridono perchè arrivano in tavola i bastoncini Findus o la verdura biologica. Eppure hai provato e non sempre funziona, strano no?

Sarai diverso, malato, pazzo! Come può non funzionare? Hai tutto quello che ti è stato detto e non sei ancora felice? E sì... c'è qualcosa che non va, forse non sei buono, sei egoista!

Prova a fare beneficenza, è facilissimo! Ci sono migliaia di iniziative, fondi, raccolte e sostegno.

Basta un SMS e con soli 2 Euro fai una buona azione, aiuti qualcuno! Ecco che per pochi secondi l'illusione funziona, mandi l'SMS, ti senti meglio, ma quanto dura?

Ti senti pazzo, hai tutto, fai tutto ma non sei felice!!!

Sì sei pazzo, appunto!!!

Ti hanno lavato il cervello, ovvio che ne esci pazzo!!!

Ma in fondo se sei pazzo ti deprimi, ti ammali, consumi medicine, consumi... consumi ancora! E torni a comprare cose inutili, forse sei infelice perchè il tuo televisore ha solamente 48 pollici! prova con quello da 52! O forse hai un graffio sulla carrozzeria! Controlla bene, potrebbe essere lì il problema! E se ci fosse una macchia sulla tovaglia, una piastrella sporca o la camicia senza la piega? Cerca, cerca bene, ovunque troverai qualcosa che non corrisponde ai <u>canoni di felicità sociale</u>.

OVUNQUE troverai qualcosa!

Non sei abbastanza colto, ecco perchè!

Vedi a cosa servivano i bei voti a scuola? A essere felici l'indomani!!! E adesso cosa fai, ormai è tardi! Non vedi che chi è colto sorride sempre? Non fuori... dentro! O meglio, non possono sorridere perchè si devono atteggiare ma non ha importanza! Tu pensi che siano felici e pensi lo siano anche quelli benestanti, quelli con il lavoro sicuro e il reddito garantito, quelli che vestono alla moda e quelli che frequentano belle persone.

Prova a frequentare i bei locali, provaci! Fracasso, caos, piattini squisiti, posate d'argento, bicchieri di cristallo, champagne e tanto, tanto bonton, etichette, atteggiamenti:

- Hai solamente una possibilità per fare una buona "prima impressione".

- Nell'ambito lavorativo come in quello relazionale sapersi comportare nella giusta maniera è fondamentale.

- Il Galateo ti sostiene e ti guida nelle piccole e grandi difficoltà.

"Un appuntamento romantico? O un semplice invito a cena? Ogni situazione segue precise regole di comportamento per evitare gaffe e brutte figure. Non arrivare in ritardo all'appuntamento con la buona educazione!"

- L'importanza del Bon Ton oggi

- Il Galateo dell'appuntamento romantico

- Il Galateo del Matrimonio

- Il Galateo in casa

- Preparare la tavola

- Il Galateo delle relazioni interpersonali

- Il dono giusto per tutti

Ma più vai in questa direzione e più sei infelice e ti trovi a pascolare tra anime in pena che soffrono di noia mortale e tristezza cronica.

Eppure recitano e lo fanno bene anche!

Ma prova a parlarci, dialogare, devi posarti un attimo, snaturarti, fingere di parlare di argomenti noiosissimi per misurarti, essere accettato e quindi sentirti bene!

Non va... vero? Non funziona?

Ovvio!

Come potrebbe funzionare?

Ci sono mille migliaia di schemi per la felicità e nessuno funziona!

Ma se anche uno, uno solo funzionasse cosa fai? Puoi forse immaginare di essere felice mentre il mondo è in crisi? Non puoi, te lo ricordano ogni giorno! E se sorridi c'è solo una spiegazione: sei pazzo! e devi farti curare!

Avviene tutto al contrario e tu soffri perchè faresti il contrario, ma se lo fai ti senti tagliato fuori, isolato, incompreso, pazzo.

E vai dallo psicologo che soffre della stessa malattia "sociale" e ti cura, ti guarisce, torna a conformarti: in poche parole ti impantana nuovamente nella stessa malattia di prima e ti conforta:

"Non sei pazzo, sei solo stressato, prendi questa e ti passerà!"

Ma che scoperta! Chi non sarebbe stressato in una **società BASATA sullo stress!!!**

Più ti stressano più acquisti, più ti stressano e più diventi infelice, compri mille cazzate e se non hai i soldi te li prestano così ti indebiti e ti stressi di più... ora **DEVI** lavorare di più, produrre di più, pagare più tasse, non basta? sono finiti i soldi? Falliscono le aziende? Licenziano il personale? Aumentiamo la benzina! Non vanno più in auto? Aumentiamo le tasse, la pressione fiscale, i controlli: tolleranza zero! Sempre più stress, sempre più infelicità, perchè ora non puoi più nemmeno compensare con lo shopping, non puoi cambiare auto, come farai? Puoi pensare di mettere in tavola una pastasciutta della Lidl anzichè la Agnesi? NO! E se lo fai sarai infelice! Magari è più buona, ma non ci arrivi, ti manca il protocollo di felicità, quello che rende la famiglia felice, la fa sorridere!

Ti auguro di non scoprire mai che potresti fare a meno di migliaia di cose, che potresti stare bene con te stesso anche quando la tua laurea o il tuo diploma sono finiti nel cestino, il tuo conto in banca in rosso, il bancomat scarico, l'abito stropicciato, correresti il rischio di risvegliarti e scoprire piccole cose che ti rendono felice, **<u>pensa che beffa</u>**!

Allora sì che vai in crisi, perchè ti accorgi che hai dedicato tutto te stesso per uscire dalla tua rotta di origine, cercavi un abbraccio e l'hai sostituito con migliaia di cose inutili, cercavi la gioia e ce l'avevi già, era in te, era già tutto dentro di te, intorno a te!!!

Ma se tutti sono in questo sistema dell'infelicità sarai solo, isolato, pazzo! Devi solamente sperare, sognare di incontrare almeno un altro pazzo, che ti conduca a vedere le stelle, camminare in un prato, bere acqua di sorgente limpida e gratuita, osservare le nuvole, il cielo, lo spazio, ascoltando la voce del tuo cuore.

$1+1 = 2$

cercate ancora, diventerete 4, poi 8, 16,32,64...

128

256

512

1024

2048

4096... **potete farcela, DOVETE FARCELA!!!**

8192

16384 **dai, va già meglio!!!**

32768

65536

131072 **quasi quasi ci crediamo...**

262144

524288

Ora ci siamo, ci siamo quasi, al prossimo step saremo:

1.048.576

poi 2.097.152

e poi ancora 4.194.304

Vogliamo immaginare che sia così?

Questa, solamente questa può essere la grande favola dell'umanità!

Svegliarsi da questa spirale di recessione della felicità dovuta al boom consumistico, alla ricchezza cartacea dei grandi sistemi bancari che hanno massacrato il mondo alimentando ogni genere di nefandezza, inquinando ogni singola anima con il mito e l'illusione di FALSI modelli di felicità!

Dopo altri 5 passaggi ci saranno 67.108.864 di persone felici, che sorridono, salutano, anche se hanno abito diverso e diplomi diversi.

Sì perchè qui sta la trappola peggiore!

La società si stratifica in migliaia di livelli e tutti si distaccano da tutti!

Chi è colto prende le distanze da chi è meno colto, chi è ricco le prende da chi è più povero, chi veste bene da chi veste male, ma così facendo si è infelici in due!!! E' la distanza che rende infelici!!!

Nasce una stratificazione dove ci si incontra solamente a parità di livello, di modello, di stile, di cultura, classe o bandiera che sia! Ecco perchè nascono migliaia di forme di aggregazione basate sulla unità di pensiero, hobby, interesse, fede e passione ed ecco perchè bandiere diverse lottano per affermarsi, accade ad ogni livello! ci si può anche ammazzare a questo punto perchè l'ideologia conquistata diventa l'ultima spiaggia, il rifugio in cui troviamo condivisione, solidarietà, comprensione, accettazione.

Ed è questo che cerchiamo e necessitiamo per stare bene, meglio, possibilmente sorridere.

Si chiama amore.

Semplice no?

E quando saremo **REALMENTE** posizionati nell'amore e avremo riposizionato il fuoco del nostro cuore, ci accorgeremo che l'unica cosa che può renderci felici è essere felici in un mondo di persone felici e questo mondo prescinde dalla ricchezza, dal boom economico, dal governo e dai sistemi monetari!

Puoi essere felice a prescindere dal PIL e dallo SPREAD!!!

GARANTITO!!!

Ma ti massacrano su queste cose perchè chi è nel meccanismo dell'avidità ha bisogno di illimitate risorse per compensare illimitate!

E impazziscono se il grafico della loro presunta economia scende perchè hanno associato a quel grafico l'andamento della loro felicità!!!

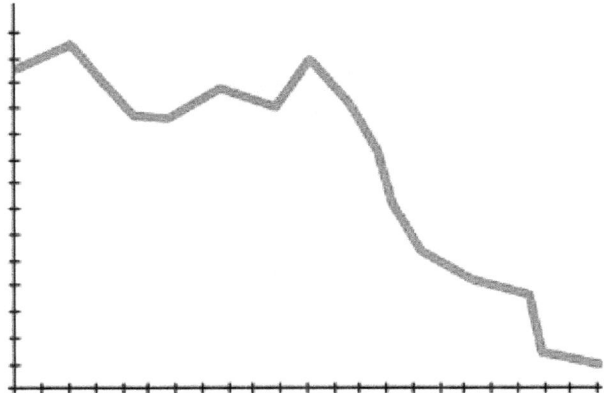

Se non li voti impazziranno perchè se perdono potere perdono felicità!

Non vedi che si scannano come jene disperate tra di loro? Questa non è politica ma disperazione!

E' la LORO disperazione.

Esci da questo schema, per favore, risvegliati e sorridi, esci e sorridi, ora puoi, la felicità esiste, ovunque, gratuita e, per ora, non tassabile.

Ma non dirlo a loro!!! Se basassero una campagna elettorale sulla felicità REALE potrebbero veramente stravincere con il 99% dei consensi... speriamo non lo capiscano!!!

:-))

Altrimenti come facciamo, poi, a divertirci quando li vediamo avvelenati a scavalcarsi, deridersi, minacciarsi, litigare come bambini senza affetto in cerca di approvazione popolare?

Il ciclo dell'oro

C'era una volta, forse, un mondo dorato, popolato da creature dell'amore che progredivano e sviluppavano la propria evoluzione grazie al dono di una intelligenza superiore figlia di una grande apertura del cuore.

Sì, magari ogni tanto litigavano, combattevano per qualcosa di nobile, di utile: la sopravvivenza, il cibo, la difesa del proprio habitat ma certamente erano in grado di armonizzare in un modo diverso con i frutti della terra e delle acque, con le energie del fuoco e dell'aria.

Poi, le nuove generazioni, quelle dell'intelligenza, della scienza, della tecnologia, delle imprese ai limiti dell'impossibile, accelerazione dell'atomo, dei neutroni e dei neutrini, protoni e protini, fotoni e fotini, risorse diverse per una vita migliore.

Profanando la terra, il pianeta ospite, la Madre della propria vita, scavano, scavano sempre più a fondo, è importante scavare, andare a fondo, disossare le vene, spolpare ogni minima particella, grammi, schegge dorate per un mondo dorato.

Certo è un lavoro faticoso, ma per fortuna ci sono uomini, donne e bambini liberi di scegliere, splendida cosa la libertà, poter deliberare serenamente se sia meglio morire di stenti o dedicarsi ad un'impresa nobile, costruttiva, aurea.

Scavare sempre più a fondo per ricavare un pezzo di pane in cambio di un semplice lavoro che non richiede neppure un titolo di studio o un particolare curriculum: è sufficiente essere poveri, affamati.

Ora passeremo dalla fame alla ricchezza, perchè questa è una ricca ricchezza, uno scopo elevato, necessario e fondamentale per il benessere della specie.

La fatica non è più un peso quando viene sacrificato il proprio corpo per il bene dell'umanità.

Che bello questo metallo color del sole che certamente la Terra generosa ha partorito per la nostra felicità.

A noi spetta semplicemente il compito di raccoglierlo, scavando.

Sì, è tutto così dolce, romantico, armonioso.

E così da una parte del pianeta ci sono uomini felici che scavano felicemente...

E dall'altra uomini ancor più felici che danno un senso compiuto a tutto questo.

Sì, perchè a cosa serve questo preziosissimo metallo così ricercato, adorato, venerato... ? Viene sapientemente lavorato al fine di ottenere gioielli, ad esempio.

"Cos'è un gioiello?" Una cosa preziosissima che consente persino di dare e ricevere amore!

Fantastico! Ecco perchè è così prezioso! Tutto si spiega!

Ci sono negozi bellissimi ed elegantissimi che consentono con poche centinaia di euro di prendere un tondino di questo metallo e donarlo ad una donna: lei vi amerà certamente!

E magari vi ricambierà adornandosi sensualmente le orecchie, il collo, il naso o la fronte di questo dorato elemento di felicità!

Che soddisfazione!!! Valeva proprio la pena di sporcarsi un pochino le mani pur di vedere questi risultati entusiasmanti!!!

Pensate che è tutto così bello, lucente e prezioso che bisogna fare **attenzione**!

Qualcuno potrebbe rubarlo, renderlo suo! Bisogna proteggerlo!

E' un'idea straordinaria, finalmente tutti siamo felici e il ciclo si è compiuto!

Il preziosissimo e utilissimo metallo viene fuso in dadini chiamati lingotti, hanno una geniale forma parallelepipoidale, l'uomo è veramente una creatura superiore! Ora è possibile accatastarne tanti in poco spazio!

E' fantastico! Dalle piccole schegge di pochi milligrammi siamo arrivati ad accumularne tonnellate di tonnellate! Un progresso indiscutibile, la nostra specie ha finalmente raggiunto l'input evolutivo che attendevamo da sempre!

E' finita l'era della pietra!

Ora è giunto il momento dell'uomo sapiens! E così, dopo aver scavato la terra a mani nude pur di accumulare questa fondamentale risorsa, si chiude il ciclo e possiamo chiudere la porta ipercorazzata: tutto questo sbattimento per riportare l'oro esattamente <u>dov'era prima</u>: sottoterra!

Con la differenza che prima era serenamente posato nelle vene aurifere della Madre Terra e ora riposa, come un cadavere della stupidità umana, nei caveau antiatomici iperprotetti da un esercito di protettori disposti a tutto, ma veramente a tutto pur di difendere i propri lingottini colorati.

Splendido esercizio di una intelligence mondiale firmata: *Homo Sapiens XXI secolo.*

Il perbenismo è peggio del razzismo

Chi si permette di giudicare gli altri, assurgersi al ruolo di "*migliore*", eticamente superiore, moralmente immune da peccati e debolezze, manifesta apertamente e dichiaratamente il proprio atteggiamento di discriminazione verso la sacra libertà espressiva di chiunque, creando oltretutto un pericolosissimo status di differenziazione ben più grave del "razzismo" che tanto fa moda negli ultimi anni.

Premesso che il razzismo non ha nulla a che vedere con i versetti o coretti da stadio e che calciatori milionari che si atteggiano a bandiera delle crociate antirazzistiche sono i primi profanatori dei modelli di equità sociale, sprofondati in automobili da centinaia di migliaia di euro, menefreghisti di qualunque codice della strada, del buon senso o semplicemente del rispetto di chi sperpera buona parte dei propri beni e del proprio tempo per seguirne le discutibili gesta.

E' il caso ora di posizionare il centro del sistema esattamente lì dove dovrebbe essere: nel cuore di un cristallo di verità!

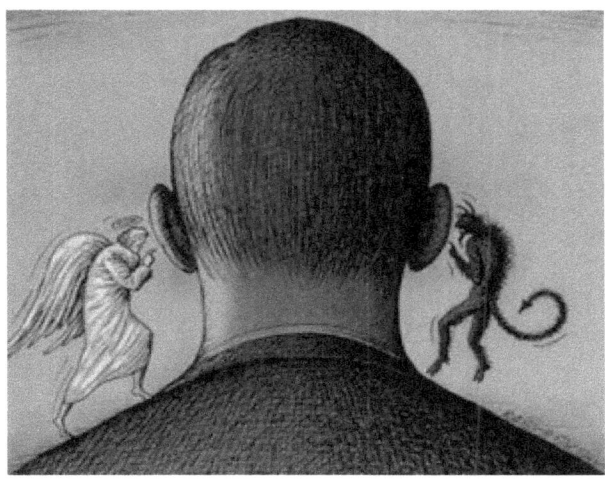

Ma non accade, non è mai accaduto, cosa possiamo fare?

Continuare la farsa e il teatrino del moralismo che tanto fa gioco ai grandi racket della prostituzione e della pornografia?

Difendere per partito preso l'etica preistorica figlia di quando? Del medioevo? Del secolo scorso?

Neanche 50 anni fa il divorzio era reato e tutt'oggi l'adulterio (ossia ciò che commette il 70% degli umani "europei") è punibile con la morte.

Perchè la tecnologia e la morale sono così disassate? Perchè il progresso o il presunto coefficiente di sviluppo ed evoluzione è così frenato dai principi di un'etica falsa e ipocrita che non appartiene a nessuno?

La risposta è nell'interesse primario di chi deve giostrare i fili dei burattini dell'umanità.

Reprimere significa possedere, manipolare, controllare, soggiogare, sottomettere. E quale più grande potere della repressione sessuale e morale per governare nelle alte sfere?

Ma qualcuno ci fa caso che i presidenti che non cadono sotto i colpi dei reati fiscali vengono attaccati facendo buon uso di prostitute pilotate, scandali sessuali, infedeltà, festini, orgette e stupidità del genere?

Lo fanno tutti e tutti lo sanno ma il gioco è nascondere. Tutti non è riferito solamente alle alte locazioni dei giochi di posizione, ma a chiunque e ovunque, non è questione di fare, ma solamente di poterlo fare, potersi permettere il lusso di infrangere il presunto buoncostume per difendere la propria integrità che ha certamente una componente spirituale ma, finchè siamo vivi sul pianeta terra, ha anche una sua precisa connotazione fisica, carnale e, orrendo a dirsi, persino sessuale.

Chi ha deciso le basi etiche dell'umanità e soprattutto quando? Qualcuno che ha promesso la porta dei cieli a suon di sacrifici e rinunce? Ma che splendida promessa di vita. Fare una vita schifosa sul pianeta terra significa godere le gioie del paradiso eterno!

E che senso dovrebbe avere se non quello di manipolare miliardi di esseri umani iniettando il senso della vergogna, del male, della condanna e della repressione esattamente lì, dove lo spirito prende forma e si anima dando vita alle espressioni più intime del proprio corpo? Dove il tutto si fonde e si esprime in una totalità animo-corporea che libera la mente lasciando posto al vivere?

Ma certamente è troppo comodo avere un'arma pretestuosa per abbattere presidenti e grandi capi con un banale e ridicolo gioco di scappatelle e presunti vizi e capricci!

Il gioco è governato dagli stessi protagonisti che lo subiscono!!!

E la popolazione subisce, soffre, si altera e consuma: prostituzione alle stelle, pornografia primo mercato mondiale (ripeto: **PRIMO** !!!) e tutto di conseguenza, purchè non avvenga alla luce del sole, altrimenti il gioco non regge più!!!

Una popolazione repressa si sottomette, ubbidisce, paga le tasse, si ammala mandando alle stelle gli utili delle spese unitarie, si droga alimentando i racket più potenti del pianeta, fuma, beve, gioca: ossia alimenta i mercati più ricchi e, guarda caso, i più tassati che ci siano, guarda sempre più a caso <u>monopolizzati e controllati dallo stato.</u>

Aprire gli occhi è dura perchè qui si parla del nostro vivere, del nostro essere, della nostra energia, del nostro benessere ma è così bello spendere soldi in cure alternative, psicologi, psicofarmaci, consulenti coniugali e preghiere, ritornelli e filastrocche per girare attorno alla questione... e così girano milioni, milioni, milioni di palate di denaro e nessuno fiata, nessuno reagisce, tutti aderiscono al circo come scimmiette davanti al distributore di noccioline!

Il razzismo presunto del mondo odierno non ha niente a che vedere con il razzismo perpetrato <u>Realmente</u> nei secoli scorsi, niente! E' la stessa forma di insofferenza sociale che si manifesta tra un paese e l'altro a distanza di pochi chilometri, tra una città e l'altra, campanilismo, nazionalismo, è la stessa cosa!

E la radice è nella repressione sociale che alimenta questa esigenza di sentirsi migliori in base a un qualunque parametro di valutazione: economico, culturale, etnico, sono tutti palliativi che spostano la matrice della questione dalla realtà dell'essere alla finzione del non-essere.

Forse nessuno manipola realmente tutto questo, di sicuro tutti o quasi ne sono vittime.

E chi si elegge paladino di una qualunque forma di etica o morale abbia prima il coraggio di aprire i cassettini segreti dei propri desideri: proprio lì nasconde, infatti, i frutti della propria repressione e più li reprime più sarà agguerrito, ostico, acido e combattivo per cercare di trascinare nella sua palude più anime possibile. Se tutti sono avvinghiati nella stessa morsa di fango significa che lui è nel giusto.

La storia dice che è nel giusto. La legge, la cultura e la letteratura gli danno ragione.

Ma chi ha creato tutto questo e perchè?

La scelta tra la libertà e la repressione è un passaggio chiave nel processo evolutivo dell'unica specie vivente che manipola, altera e sfrutta la risorsa vitale di base: la libertà di essere! Rompere il muro delle inibizioni morali significa aprire le porte di un mondo nuovo, libero e aperto, spazioso, privo di giudizi e manipolazioni, vivo e autentico.

Cadranno come travi fossilizzate le barriere di questa falsa banca dei valori esattamente come cadono le teste nelle banche del vaticano, nei partiti corrotti, nei teatrini della disinformazione che vive e si alimenta di tutto questo.

Sorgenti di studio

Qualunque studio è frutto dell'arroganza umana e della primitiva necessità di spiegare fenomenologicamente ogni cosa, dal fulmine al tuono tutto deve essere quantificato, catalogato e dimostrato, sì ma da cosa e per che cosa? Le variabili caratteriali sono una per ogni singolo essere umano, le variabili esperienzali idem e quelle sentimentali anche, ogni singola persona ha non a caso, ripeto:

"NON A CASO"

UN DNA che viene definito codice genetico ed è unico, specifico di ogni singolo essere vivente! UNO! E altrettanto avviene per le caratteristiche spirituali, ma mentre il DNA può essere letto e codificato trattandosi di una sequenza materiale, la stessa cosa non è mai avvenuta e non può avvenire per la vita, l'anima del singolo essere! E questo perché non è attraverso questo tipo di percorso che siamo in grado di leggere, catalogare, definire.

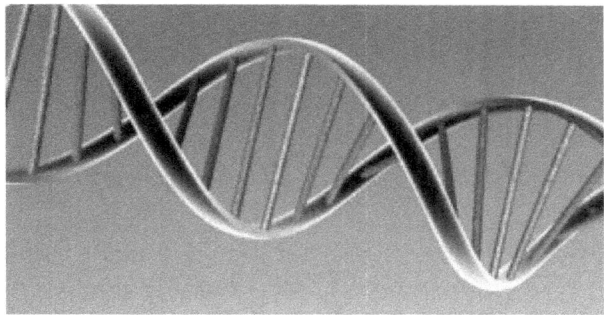

La grave lacuna involutiva è proprio nell'applicare regole empiriche al mondo non-empirico: sono strati diversi, non ci vuole molto a capirlo, basta sentire, è immediata la percezione e ancor più istantanea la lettura.

E' più che mai evidente di fronte a queste fenomenologie che le persone di scienza hanno maggiormente sviluppato la propria area empirica, in alcuni casi solo e integralmente quella, mancano della visione sensibile e della capacità di ascolto, non c'è nulla di male in tutto questo a condizione che non si vada ad interferire con strati differenti che esistono in piani e universi differenti.

Purtroppo questo non solo accade ma addirittura ci sono correnti di convinzione simili alle tempeste di sabbia che portano tumultuose e gratuite complicazioni che inquinano e occultano completamente la cristallina visione di origine.

Partiamo infatti da una sorgente interiore assolutamente pura e non contaminata che ci consente di seguire il volo di una rondine, l'espandersi di una nuvola, abbiamo istinti che determinano la nostra spontaneità, quella che ci fa chinare verso il profumo di un fiore, quella che ci fa sorridere, gioire, divertire e godere.

Invece qualcuno deve sempre etichettare, imporre la propria disciplina, valutare, misurare, circoscrivere, pesare, studiare, dettagliare e calcolare.

Il litigio è fuorilegge

Lo scontro tra opinioni diverse, contrastanti, la discussione animata, il litigio, il diverbio e ogni genere di tentativo di sopraffazione verbale sono ora fuorilegge.

Tranquilli: non certo secondo il vigente codice civile o secondo i comma dell'articolo del decreto del verbale del cavillo 4.2/7-544 del 12-12-1849. NO, per fortuna no.

Solamente secondo le leggi dell'universo.

Quelle che regolano la libertà di pensiero e di interpretazione, quelle che governano la creatività e il rispetto tra le singole parti di ogni singola parte cosmica, tra le forme di vita, tra le molecole in equilibrio, siano esse piccoli atomi o galassie intere.

Ogni forma di pensiero esiste in quanto tale, nella sua luce e nella sua forma, nel suo spazio procreativo, nella sua energia amniotica, liquido alimento delle singole espressioni partorite dalla coscienza universale.

Accade, semplicemente, che qualcuno accolga un pensiero, altri accolgono un pensiero diverso.

Da qui nascono convinzioni e meccanismi di difesa del proprio ego che portano, in casi estremi, anche allo scontro fratricida, alla guerra, al genocidio.

Ecco perchè l'universo condanna inesorabilmente il litigio, perchè è il tentativo di annullare una forma di pensiero e come tutte le cose già create, non è possibile distruggerle, qualunque esse siano.

Lo scontro è sintomo di malessere, la sopraffazione rappresenta il livello di fragilità e instabilità interiore.

Ogni essere vivente riceve in dono dei pensieri, li elabora, li diffonde, li conserva, li trasmette o li utilizza per la propria vita, per il proprio cammino, la propria evoluzione, in alcuni casi la ricchezza di pensiero porta a scoprire cose che già esistevano ma non erano note.

Ecco cosa sono le scoperte, le invenzioni, le idee: pensieri che non erano ancora stati sfruttati!

Nessuno ha mai scoperto nulla! Nessuno!

C'era già l'America prima che venisse "scoperta" e lo stesso la Cina, i pianeti nascosti o le nebulose primordiali... c'era già la penicillina e c'era già la trasmissione per via elettromagnetica ben prima che "inventassero" la radio o i telefoni. C'era già tutto, c'è **GIA' TUTTO!!!**

Il massimo che può accadere è che qualcuno scopra qualcosa che non è ancora stato scoperto, o qualcuno inventi qualcosa collegando pensieri in forma innovativa, tutto qui.

Straordinario, certo... ma non è qui il punto.

Cosa succede quando si scontrano due pensieri diversi?

Che uno cerca di annullare l'altro. Non c'è nessuno scopo in tutto questo! Nessun vantaggio per nessuno!!!

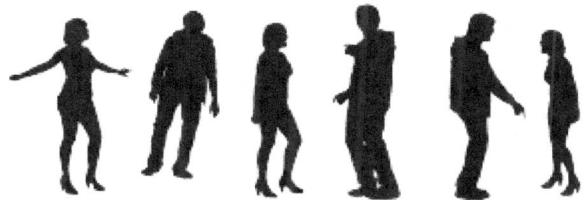

Chi impone le proprie idee non si rafforzerà in nulla, avrà le sue stesse idee come prima e al massimo avrà svilito o annientato altre idee diverse. Nessun utile, nessun guadagno se non per il proprio EGO, per la propria alienazione che lo allontanerà dalla possibilità di ricevere ricchezza, gratitudine e amore.

La ricchezza di due o più pensieri diversi è una delle grandi risorse mondiali, universali!

Attingere al serbatoio dei pensieri significa entrare nella vita dalla porta principale, arricchirsi, condividere, gioire, evolvere.

Nel litigio vince chi si afferma, perchè distrugge un pensiero e questo, secondo l'universo, è un grande delitto.

L'inganno del consumismo

Il paradigma è un sistema di convinzioni inconsce di una cultura, comunità, società.

La convinzione è l'accettazione da parte della mente che una cosa è vera e reale.

Si accompagna con un senso emozionale di certezza. (fonte:wikipedia)

Allora: **La convinzione è un'emozione**

L'umanità intera coltiva la sofferenza come se fosse un culto necessario da cui è impossibile uscire, sacrifici, rinunce, umiltà e rassegnazione sono i grandi mali che destabilizzano la società che si evolve nell'involuzione, quando si apriranno i cuori cambierà il sistema, i bambini sono i nostri maestri di vita, noi abbiamo solo più conoscenza ed esperienza ma il modello da seguire è il loro.

Elegante e *trasandato* sono concetti adulti, il frutto di una valutazione estetica legata non alla persona, ma all'abito, sono gli adulti che si osservano, giudicano e valutano a seconda dell'abito, dell'auto, dello status, del portamento, interessi più o meno culturali o "*cresciuti*". Il metro di valutazione è sempre esteriore, per questo provocherà eterna sofferenza, insofferenza, incompletezza, inadeguatezza.

O ci si rafforza in questa direzione insistendo con errata ostinazione verso il modello sociale, o tutto decade e quando crollano le convinzioni ci si fa male, crollano le certezze che sono una specie di "**stabilità emotiva**" su cui edifichiamo anni, decenni la nostra vita intera.

Accade tutto al contrario. Il consumismo non è un pensiero, ma una realtà sociale ben precisa che fa l'interesse ben preciso di chi governa e si arricchisce, loro sono i malati cronici e noi dovremmo sperperare l'esistenza a consumare inutilità di ogni genere per compensare la mancanza di amore? In una società felice i consumi decadono, per questo la cultura e l'informazione, rafforzati (finchè riescono) dalle religioni opprimenti, reprimono, condannano e istigano al consumo dissennato, con tutte le conseguenze economiche e ambientali del caso.

Ma a volte i grandi potenti annegano anche loro, solo che conoscono un unico percorso per riemergere e così si riaggrappano al denaro e al potere, ma ci sarà una falla, uno spiraglio in cui lanciare un missile di luce... ecco, solo allora potrà cambiare la viabilità, la segnaletica, la mappatura degli interessi e delle speculazioni, degli abusi e dei soprusi, la repressione potrà trasformarsi in un pensiero sociale illuminato dall'amore, energia travolgente che alimenta ogni singola anima, a prescindere dal reddito e dalla produttività!

E' una bilancia da riequilibrare, basta mettere più amore per farla pendere da una parte anzichè dall'altra... semplice no?

Possiamo togliere loro il terreno in cui seminano porcherie e falsità, è il nostro giardino! E siamo noi a decidere cosa coltivare e cosa estirpare. Se cambiano le credenze e ognuno riacquista la proprietà della propria anima molte cose si perderanno nel vuoto, mentre loro cercheranno nuovi mezzi per reprimere può nascere una coscienza diversa che non sta più al gioco, semplicemente perchè compensa con l'amore la presunta infelicità materiale, tutto si invalida a questo punto.

E' sufficiente una presa di coscienza per cambiare la luce che governa il mondo, un gesto di amore verso sè stessi, verso la parte autentica, quella che non si è lasciata bruciare e manipolare, quella che tutti avevano quando erano anime sorgive, bambini ancora da crescere, educare al sacrificio, alla rinuncia, all'umiltà, all'ubbidienza, al senso civico fatto di fiducia cieca nelle stesse istituzioni che poi crolleranno mille volte!

A quel punto non conta che abito indossi, ma quanto è grande il tuo cuore e purtroppo solo un bambino può percepirlo, perchè non è ancora sommerso dalla spazzatura che tanti definiscono "*crescita, progresso o evoluzione*".

Se i poveri potessero governare saremmo tutti molto più felici, e molto più ricchi nel senso autentico del benessere sociale.

E' tutto distorto, storpiato, deformato! Il BENESSERE non è nel PIL, nello SPREAD e non viene quotato a Piazza Affari o alla borsa di New York, quello è il benessere economico che non coincide assolutamente con il benessere sociale anzi: è la prima causa di malessere sotto tutti i punti di vista! Decadimento dei valori, quelli autentici e profondi, mica quelli del presidente o della banda di moralisti al servizio del sistema stesso!

Non è difficile, garantisco, non è difficile, tutti siamo stati bambini, anche loro, chiunque... è sufficiente riportare in vita lo sguardo autentico e sincero capace di credere, sognare ed emozionarsi, stupirsi e divertirsi: **con la vita, con il cuore, con l'amore.**

Fuori dalla gabbia dorata

Fuori dalla gabbia dorata... c'è un mondo dorato!

E allora perchè uscire dalla gabbia chè già dorata di suo?

Perchè gli spazi sono mobili, la dimensione è mobile e tutto si realizza nella mobilità dell'essere e del vivere.

Quanto tempo, quanti anni, quanti decenni sono stati necessari per realizzare a regola d'arte la nostra splendida gabbia dorata che circoscrive i limiti della nostra esistenza?

Quante regole, quante abitudini, quanti gusti abbiamo modificato e adattato al nostro sistema di vita individuale per modellare il nostro carattere, la nostra personalità, il nostro habitat?

E' stato un cammino lungo, intenso, a volte sofferto, altre gioioso... man mano che abbiamo definito i perimetri del nostro raggio d'azione abbiamo sempre più consolidato cosa ci piace e cosa non è di nostro gradimento, abbiamo forgiato le nostre credenze avvalorandoci delle nostre esperienze, abbiamo interpretato il patrimonio di conoscenza per attingere e maturare il nostro bagaglio culturale, abbiamo creato, ideato, pensato, prodotto, realizzato tante cose che ora, in parte, ci appartengono, sono nostre, diciamo:

"Questo è mio"

"Io sono così"

"Mi sono realizzato"

Tutto funziona discretamente fino a quando non crolla qualcosa, un mito interiore, una credenza, un valore o più semplicemente la percezione di qualcosa che sfugge, quasi invisibile, un vento silenzioso che sussurra, suggerisce di spostare lo sguardo altrove, un segnale che ci cattura, una voce nuova, un sogno, uno sguardo, una emozione.

Quando sentiamo il confine del nostro regno è inevitabile affacciarsi alla finestra e guardare oltre, chiedersi cosa ci possa essere oltre e soprattutto "come" possiamo essere, fuori dal nostro perimetro abituale.

Sono momenti importanti, determinanti in cui possiamo scegliere due strade:

 uscire
restare

Nulla è dovuto se non alla nostra coscienza, il libero arbitrio ci consente di muoverci in assoluta libertà d'azione e qualunque scelta è la migliore.

Aspettativa e delusioni

Aspettare qualcosa è il miglior modo per ricevere delusioni: qualunque sia l'aspettativa, non sarà mai corrispondente alla realtà.

Inoltre è deformata dalla nostra soggettività.

Poiché non siamo artefici di ciò che accade intorno a noi, o in altre persone, ma solo di ciò che accade in noi: o ci isoliamo completamente dal resto del mondo, o evitiamo di crearci delle aspettative.

E' un modo peraltro ingenuo di condizionare gli eventi senza per questo realizzarli nella loro uniformità, naturalezza, spontaneità.

Diversamente le cose accadono e il destino si compie intorno a noi secondo il disegno più puro e cristallino, quello dello scorrere naturale, per cui il sole sorge o tramonta e a noi spetta il grande dono di poter osservare senza aspettative lasciandoci stupire, ogni volta, dai colori e dai toni, dalle sfumature cromatiche, dalla luce, dalla bellezza del dipinto. Accanto a noi, in quel momento, potremmo scorgere qualcuno deluso perché si aspettava un colore, una tonalità diversa, se possibile prendiamolo per mano, aiutiamolo ad alzare lo sguardo, ad amare ciò che è, non ciò che si vorrebbe che sia.

A proposito degli strati esistenziali c'è **il regno della Fantasia**, non è immaginario, tanto che lo nominiamo spesso, è una zona franca preziosissima dove siamo liberi, liberissimi di progettare a largo raggio, una specie di laboratorio dei sogni, di anticamera dei progetti, un CERN dell'anima dove possiamo testare, verificare, calcolare, provare, qualunque situazione senza rischi, senza spese, senza metterci in gioco, con la fantasia non ci limitiamo a sognare e uscire dalla realtà per calarci in vie di fuga ed evasioni divertenti o stravaganti ma abbiamo un vero e proprio strumento preziosissimo che ci può dare risposte senza correre rischi :-)

La "esistenza"

Dio esiste?

Mha... chi lo sa... ne parlano miliardi di umani che lo ve-
dono, sentono e percepiscono in migliaia di modi, forme
e lo idolatrano in migliaia di luoghi di culto diversi tra loro,
dio, dee o dei, osannato, pregato, screditato, combattu-
to, blasfemicamente nominato, adorato e idolatrato,
dagli altari alle sorgenti, dagli antichi templi alle chiese
moderne: **forse** *esiste*!

E **Babbo Natale**? lo conoscono TUTTI, c'è persino la sua
casa, il paese, i balocchi, milioni di umani posseggono il
suo costume per essere, divenire "*Babbo Natale*" nel giorno della consumistica festività, tutti portano doni a tutti,
ognuno in quell'attimo **E'** Babbo Natale, dipinto, disegna-
to, narrato favoleggiato... **forse** esiste!

Io esisto? **forse** sì.

E tu??? **Forse**.

Gli altri probabilmente esistono.

COSA 'esiste?'

CHI 'esiste'?

Eppure ci sono dubbi e certezze in uguale misure, infatti esistono sia i dubbi che le certezze. Che casino vero?

Per fortuna è facile schiarirsi un pò le idee :-)

FACILE

Basta un po' di luce: semplice no?

Per questo si dice:

'Fare luce' su qualcosa !

Lo davamo per scontato?

Forse sì visto che passiamo la maggior parte della nostra 'esistenza' a brancolare nel buio!

Ah no, non tutti vagano nel buio, certo... ma molti chiamano luce la propria oscurità interiore, si ingannano e così la felicità va altrove, soppiantata da uno schermo carico di ombre e scarico di sorrisi.

QUI occorre fare luce, intervenire per *esistere*.

Prendiamo la chiavettina o il radiocomando della nostra automobilina e lanciamoci nel traffico. E' normale no?

NO!!!

Non è normale per una creatura viva, umana, infilarsi in una scatoletta di metallo, plastica e vetro, frutto della tecnologia industriale, alimentata a idrocarburi aromatici (peraltro costosissimi e inquinantissimi) e rotolare su dei pneumatici che mordono una striscia di asfalto puzzolente.

NON E' NORMALE!

E' diventata una abitudine, diciamo che è comoda, utile, necessaria, bella, divertente, pratica e insostituibile, ma NORMALE NON LO E'.

Normale sarebbe camminare scalzi, a contatto con l'erba o la sabbia, ma queste cose avvengono, raramente, FORSE in vacanza, non a caso le vacanze sono belle, ambite, desiderate.

Ma quando siamo nella nostra scatola motrice CHI SIA-MO? Noi stessi? Eseguiamo decine, migliaia di azioni automatizzate: i piedi, le mani e lo sguardo si sincronizzano per 'manovrare, guidare', il veicolo diventa una estensione del nostro corpo, anzichè correre schiacciamo un pedale, anzichè guardare il mondo osserviamo la segnaletica, il semaforo, il tachimetro, la spia, mille migliaia di cose 'non normali'.

Però diciamo: "E' normale".

C'è proprio qualcosa che non va!!!

Ora incrociamo altre 'esistenze' ciascuno su una automobilina diversa, alcune sono colorate, alcune sono aggressive, altre sorridono. Se ci sentiamo più veloci perchè la nostra auto è più veloce, se ci consideriamo più belli perchè la nostra auto, secondo noi, è più bella... c'è qualcosa che non va. Se ci sentiamo più ricchi perchè la nostra auto è più costosa, se ci sentiamo più bravi perchè sappiamo guidare meglio del nonnino con il cappello che si imbrana al parcheggio, se ci sentiamo più intelligenti di quella donna che ingombra il fluido scorrimento del comune tempo automobilistico manovrando dieci minuti per entrare in un parcheggio largo dieci volte la sua macchina... siamo messi male.

Sì, è grave, non siamo più noi stessi, non 'esistiamo' più, abbiamo perso TOTALMENTE il senso, la cognizione, la misura, siamo fuori di casa, instradati su una strada dove possiamo correre a 240Km/h ma non possiamo camminare, crescere, vivere, 'esistere' !!!

Passiamo così la vita a discutere:

'Questo esiste'

'Questo NON esiste'

'Questo è vero e questo è falso'

'E' così'!'

'So che è così'

Sono sicuro, ho letto che, c'è scritto sui giornali, l'hanno detto alla televisione, lo sanno tutti.

Quanti, ma veramente quanti luoghi comuni stabiliscono ciò che esiste da ciò che non esiste... a volte basta affermarlo: "Gli ufo esistono!" | "Gli ufo NON esistono!"

E a seconda di quello che affermiamo, in noi, una cosa esiste oppure no!

Ma noi... **quando** esistiamo?

Eccola la gabbia dorata, ecco le sbarre, le catene che vincolano e circoscrivono la nostra libertà interiore, ecco dove cadono i sorrisi, dove nasce la prevaricazione, l'egoismo, la presunzione, la disputa, ecco la **GRANDE FABBRICA DELLE MASCHERE.**

Quella che indossano i cittadini evoluti dei paesi civilizzati, industrializzati, non è facile giungere a questo fortunato livello di sviluppo, è un lungo lavoro storico, ci vuole il progresso.

E così chiamiamo progresso la nostra involuzione interiore, quella che ancora oggi mantiene il sorriso sul volto di adulti e bambini del terzo mondo e lo toglie ai grandi evoluti dei paesi ad elevata cultura e benessere.

E così quelli che sono nel benessere vivono nel malessere, vivono in scatole dentro scatole contenute in scatole, non sorridono, non amano... non esistono!

I poverelli del terzo mondo che soffrono di reali carenze alimentari, sanitarie o logistiche, magari soffocati da regimi o faide, alluvioni o carestie, sanno ancora essere, esistere, sorridere.

E' un castello di menzogne, quelle che ci raccontiamo giorno e notte quando siamo felici perchè siamo vestiti bene, quindi più belli, eleganti, magari firmati, ben pettinati, quando abbiamo avuto una promozione magari a danno di qualcuno che ora è infelice, quando siamo invidiosi e ricambiamo cercando di farci invidiare, magari ostentando una ridicola abbronzatura salvo poi prendere le distanze da un uomo di colore... diventiamo verdi di rabbia e rossi dalla vergogna, sentiamo di essere fuori posto, infelici, ma abbiamo casa, famiglia, lavoro, soldi e un futuro garantito, non manca nulla... quindi siamo felici!

NO

Non accade quasi mai.

La cultura dei paesi in via di sviluppo dice che la felicità è un'utopia.

Parli di amore? **Utopia!**

Parli di gioia, bellezza, fratellanza? **Utopia!**

Utopistico è pensare queste cose.

Puntiamo la sveglia ora... all'alba di domani: ore 8.

Anche 8e30, 7e39... non ha importanza.

Domani ci svegliamo e proviamo a *esistere*.

Ci accorgiamo che intorno a noi tutto esiste, esistono altri, altre, tante cose, poco importa se non sono lì, se non
le 'abbiamo' se non le vediamo... è sufficiente svegliarsi,
capire e sentire che la menzogna quotidiana che ci rende infelici perchè non abbiamo ancora questo o quello,
perchè il telegiornale ci adombra l'esistenza con delitti,
tragedie, catastrofi o più semplicemente con il ridicolo
teatrino dei governanti capricciosi e avidi che giocano a
farsi i dispettini anzichè **SVEGLIARSI..** è solo una maschera
del sistema, una maschera comune, che misura le persone e decide chi è meglio, chi è peggio. Con questo me-
todo l'infelicità è **garantita**! Appena entriamo in auto saremo già più grandi di alcuni, più piccoli di altri... qui bisogna interrompere il meccanismo di blocco, qui bisogna segare le sbarre, evadere, aprirsi, liberarsi, volare, **esistere**!!!

La liberazione avviene quando ogni sorta di menzogna
viene identificata, smascherata, annullata.

Ma abbiamo perso persino la cognizione del vero e del
falso, qui sta il casino.

E dove credete che vivano le persone depresse, chiuse,
ansiose? Esattamente lì, nel loro mondo immaginario,
sono rinchiusi in sè stessi perchè non si identificano in
questo sistema, non vogliono recitare, indossare il costume da burattino e giocare alla recita della falsa esistenza.

I depressi sono eroici guerrieri dell'anima che evitano,
loro malgrado, di partecipare alla propagazione del ma-
l-essere: lo vivono, chiusi in sè stessi e non offendono, non
feriscono, non sanno e non vogliono prevaricare, soffro-

no nella propria anima perchè sentono di non potersi posizionare in questo teatrino del meglio e del peggio dove tutto, ma proprio tutto è deformato! Persino il senso stesso della realtà. !!!

"Felicità è ritrovare sè stessi nell'età in cui si vive, ancora integri, ancora VIVI! nella mente con i pensieri di sempre. Con il carattere intatto di ieri e con un presente che soddisfa quelle che, ieri, erano le speranze di domani.

*Ecco, sono completamente me stesso. Tolgo dalla mente molte cose che non vanno... Forse il mio cuore sta sanguinando, ma mi sento nuovo. Non sono più un contrasto umano, un paradigma anatomico, un insieme fondamentalmente estetico, esteriore, superficiale, una convenzione umana qualunque." ***

*(1-12-1981)

L'energia del contagocce

Goccia dopo goccia, giorno dopo giorno, attimo dopo attimo.

Una vita di gocce, di lacrime, distillate nel tempo come se la scansione del tempo limitasse la scansione dell'essere, del vivere.

Ma ora è un momento nuovo, in cui bisogna risolvere questa tendenza primordiale a stillare gli eventi, la paura, il timore di esondare non devono più essere argine alle acque del nostro fiume.

Scorrere e discendere al mare: questa è la missione di ogni vita nella vita, di ogni anima tra le sorgenti eterne del tempo e dello spazio.

Ora è veramente importante abbandonare questa metodologia della cautela e della prudenza, del passo dopo passo, ogni cosa a suo tempo. Ci sono aperture nuove verso nuove visioni che ci consentono di aprire le dighe senza correre alcun rischio, non ci saranno allagamenti nè perdite, basta aprire lo sguardo verso i cieli di luce per sentire questa forza liberatrice, una rivoluzione del cuore e della coscienza che trasfonderà le lacrime in sorriso.

Abbiamo seminato semi, arricchito la storia di eventi, la nostra storia, una commedia recitata a basso profilo per paura di disturbare qualcuno, di essere esclusi, giudicati, siamo stati stelo di prato e cristallo di neve.

Presto saremo cascate impetuosi, laghi di smeraldo, nasceranno nuove sorgenti e i confini del pensiero non saranno più sommersi dai fanghi delle paludi sociali, via le croste, le barriere, le acque travolgono gli schemi e le abitudini radicate a volte in ere geologiche trascorse da millenni, qui avviene lo scorrere, discorrere, fluire, affinchè tutti ci si possa ritrovare nell'oceano congiunto di una conoscenza universale.

Basta lacrime, basta con il contagocce, rovesciate gli argini e venite nell'immensità.

Il rapporto orale nella stanza ovale

"Chiudi gli occhi! Perchè le tue pupille sono orrende, il tuo sguardo è peccaminoso, la tua iride volgare!"

O anche:

"Non parlare! perchè la tua voce è brutta, afona, fastidiosa e non va bene parlare con questa voce!"

E, già che ci siamo:

"Tieni sempre le mani in tasca perchè non è educazione vedere il palmo nudo!"

"Cambia carnagione, così sei disgustoso!"

Sarebbe proprio buffo se il mondo funzionasse così, se fossimo costretti a reprimere il nostro essere, i nostri sensi, il nostro io, il nostro esistere perchè, magari, esistono dei codici sociali che ci discriminano, ci reprimono, ci impediscono di manifestare liberamente la nostra espressività viva, corporea e sensoriale.

Fortunatamente, direbbero alcuni, non è così.

E noi possiamo aprire e chiudere gli occhi liberamente, è fantastico no?

E possiamo pure tenere le mani in tasca, o le mani fuori di tasca, il nostro palmo è meraviglioso e la sua nudità non sconcerta nessuno, straordinaria questa libertà!!!

E non esiste un codice etico, civile o religioso che incrimina la nostra voce, la nostra carnagione, i nostri lineamenti, il colore dei capelli.

Qui, perlomeno, non esiste.

La biodiversità etnica ci aiuta a confrontarci con paesi in cui usi e costumi, tradizioni e culture diverse hanno invece manifestato forme repressive diverse, basate su presunti valori completamente diversi, basti pensare ai paesi in cui le donna indossano il burka o a quelli in cui è malcostume, se non già fuorilegge, esporre le gambe, i capelli, e ci fermiamo qui.

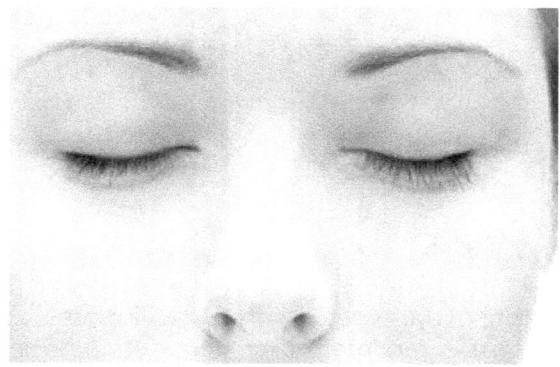

Eppure se noi pensiamo di non poter parlare, aprire gli occhi o vivere con le mani nude sentiamo immediatamente e chiaramente un senso di soffocamento che non siamo disposti ad accettare, è chiaro! Abbiamo acquisito un certo genere di libertà espressiva e, con la consapevolezza di questa conquista non siamo sicuramente intenzionati a reprimerla. Che senso avrebbe?

Non si capisce bene a quale scopo l'umanità progredisca così velocemente sul piano tecnologico e così lentamente su quello "etico", per non parlare di quello religioso, fossilizzato a pittoresche idee che hanno qualcosa come un paio di millenni di anzianità.

Eppure lo step che separa paesi "**contemporanei a diverso tasso di repressione**" dovrebbe aiutare a vedere con chiarezza il percorso della *qualità morale* e del suo andamento nel corso del tempo, soprattutto ora, che con la globalizzazione tutto viene accelerato enormemente, non si parla più di millenni, secoli, ere, ma ogni singolo decennio porta grandi innovazioni anche sul piano sociale con le conseguenti variabili di carattere etico e morale.

Non ricordo un singolo caso nella storia in cui un passaggio di libertà espressiva legato alla moralità abbia comportato una involuzione o un degrado della specie, anzi... ogni particolare cambiamento è sempre avvenuto nel meglio.

E perchè allora questa ostinazione nel difendere il piacere della repressione?

La gente che oggi scende in piazza contro il matrimonio gay sarà ricordata, tra qualche anno, alla stessa stregua di chi decenni fa sosteneva il razzismo, di chi vantava il diritto dei bianchi sui neri o dell'uomo sulla donna, è la stessa cosa!

Ma non si tratta tanto di entrare in merito a uno specifico esempio di discriminazione per principi di "etica" quanto piuttosto di vedere questo preoccupante fenomeno di ostruzione come uno dei principali nemici della libertà interiore, dell'amore e della felicità.

Il senso di peccaminosità legato alla propria espressività sessuale ha la stessa drammatica potenza repressiva che avrebbe l'impedimento ad aprire le palpebre, fare silenzio, vivere con le mani in tasca o camminare sulle ginocchia. Sono handicap gratuiti inoculati da un sistema repressivo che si smaschera da solo semplicemente valutando la differenza di costumi tra un paese o tra l'altro o con il variare del tempo.

Eppure sembra ancora impensabile accettare il modo di essere di chiunque nonostante tutti vivano una propria forma di espressione, perchè solamente la sessualità conformata a un generico standard di "*normalità*" viene accettata non tanto a livello sociale ma soprattutto a livello interiore. Qui sono le grandi fratture relazionali, le grandi chiusure che spostano il baricentro dell'amore libero da pregiudizi verso un modello di riferimento che oltretutto è sempre cambiato nel corso del tempo e a seconda dell'area geografica.

Provate a mettere il burka ad una ragazza italiana, francese o tedesca, non lo farà mai, si sente più "*evoluta*" rispetto a chi è "*costretto*" a indossarlo.

Ma questi sono soli esempi macroscopici che aiutano i grandi demagoghi dell'etica moderna a impantanarsi su cosa è bene e cosa è male, senza rendersi conto che sono autori e vittime dello stesso modello di giudizio che reprime il loro stesso vivere.

Non c'è nessuna, ripeto **NESSUNA** forma di compiacimento nel considerarsi meglio di altri per una questione di rigidità etica o morale, è una discriminazione identica al razzismo, alla omofobia, allo sfruttamento... ed è proprio qui che nascono di conseguenza i mercati di sfogo trasversale che alimentano il più grande business mondiale, quello della pornografia.

Non si tratta di accettare o non accettare, perchè il danno maggiore avviene nel singolo individuo che non ha mai una maturità sessuale in grado di consentirgli la libertà di scelta nel proprio essere. Ognuno è diverso esattamente come ogni iride è diversa, ogni impronta digitale, ogni DNA!

Nella sfera sessuale invece questa unicità non viene neanche presa in considerazione e ci sono i modelli; diversi, appunto da paese a paese e diversi, soprattutto, nel tempo.

E tutto questo avviene perchè **vengono applicati valori di carattere repressivo e mai di genere espressivo**. Il giudizio espresso esternamente diventa così un giudizio interiore, ma nessuno ama reprimersi, chiudere gli occhi, stare in silenzio... ed ecco le battaglie interiori per adeguarsi, migliorare, conformarsi. Coppie di circostanza, fondate sull'amore con un tasso di infedeltà superiore al 70%!

La repressione si manifesta infatti persino a livello inconsapevole, ma poi la maschera cade ed ecco l'interminabile boom della prostituzione, del vero degrado sociale.

Non si tratta di liberalizzare usi e costumi senza alcun limite di riferimento, i limiti possono serenamente essere, rimanere gli stessi, perchè la sensibilità soggettiva va comunque considerata come un patrimonio emotivo da salvaguardare e tutelare senza forzature nè violenze.

E' il rapporto che deve cambiare, con chi esprime diversamente i propri desideri, gusti, fantasie, la ricerca di una esperienza di vita attraverso la scoperta di sè stessi passa anche attraverso i canali di liberalizzazione interiore. Il cambiamento avviene dentro!

Con la presa di coscienza del proprio modo di essere, quello autentico però, non quello mascherato. Il difficile è proprio qui! Che psicologi e sociologi, moralisti e perbenisti lavorano per il riposizionamento delle maschere: è un burka invisibile, subdolo e dannoso che occlude le proprie aperture, l'ascolto del proprio sè, senza giudicare e soprattutto senza giudicarsi.

Troppo forte è ancora oggi il potere di *normalizzazione* della propria sessualità, il bisogno di adattarsi per evitare una contaminazione esterna che crea ombre da aggirare, ostacoli da rimuovere e così, nel dubbio di essere peccaminosi, sporchi, inadatti, inadeguati, poco desiderabili, si investe tutto all'esterno e vai con il boom del viagra per migliorare le prestazioni (una pasticca tassata al 90% dallo stato) vai con l'abito, il trucco, la pettinatura, la cravatta e le scarpe per sentirsi più belli, eleganti, sensuali, adatti.

Un sistema perverso, <u>questa sì che è perversione</u>, ma fa comodo, molto comodo! Perchè consente per esempio di gestire e manovrare intere opinioni e di destituire così un presidente solamente perchè ha avuto

"Un rapporto orale nella stanza ovale" (sembra una filastrocca :-)

Abbattere politici, governanti o personaggi scomodi grazie ad un paio di foto compromettenti... cosa credete? Che gli altri siano diversi? Semplicemente sono più attenti, ma non è qui il fuoco: liberarsi dalla discriminazione etica significa togliere forza, energia a potere a questi strumenti ridicoli che influenzano enormemente il degrado sociale a livelli mondiali!

Aprire gli occhi, ascoltarli, scegliere di conoscersi, esplorarsi, viversi e amarsi può aiutare molto, moltissimo ad accettare tutti nella loro biodiversità.

Anche questo fa parte di un mondo migliore, di un progetto di amore.

Batto le mani

E' un gesto semplicissimo. :-D

E per spiegarlo, trasmetterlo, divulgarlo, comunicarlo sono sufficienti 3 parole, brevi oltretutto:

"Batto-le-mani"

Ovvero:

1.   Batto
2.   Le
3.   Mani

Semplice no? E anche banale, ovviamente, ma c'è di più in tutto questo.

Infatti, ma avremmo anche potuto rispondere più dettagliatamente, spiegando cosa sono le forze impulsive: *(non è necessario leggere tutto il prossimo paragrafo, è solo di esempio)*

Una forza impulsiva è una forza che agisce per un lasso di tempo molto breve (tipicamente dell'ordine del ms).

Il carattere impulsivo di una forza è la caratteristica fondamentale degli urti: durante un urto, per esempio tra due biglie d'acciaio, le forze interne che governano l'interazione delle biglie sono sempre di molti ordini di grandezza più intense delle forze esterne, quali ad esempio la forza gravitazionale. Questa grande differenza di intensità permette di trascurare le forze esterne e considerare il sistema come se fosse isolato (permettendo, tra l'altro di utilizzare la conservazione della quantità di moto). Per la loro stessa natura l'intensità massima delle forze impulsive risulta essere molto alta e difficilmente se ne può determinare con precisione l'andamento nel tempo. Per studiare fenomeni in cui agiscano forze di questo genere torna utile il teorema dell'impulso. Il batti-

mano è un esempio di suono provocato da una forza impulsiva.

E ancora avremmo potuto sviluppare il modello matematico del BATTIMANO: (non è necessario leggere tutto il prossimo paragrafo, è solo di esempio)

Consideriamo il caso di due mani, di massa m = 358 g e diametro d = 65 mm che impattano da una quota h = 35 cm. Orientiamo l'asse di riferimento verticale verso l'alto: le velocità dirette verso l'alto sono positive, quelle dirette verso il suolo sono negative.

Nell'istante t0=0 in cui avviene il contatto tra la mano destra con la sinistra, essa ha acquisito una velocità v0 pari a

$$v_0 = \sqrt{2g(h - d/2)} \simeq 6.21\, \frac{m}{s};$$

la velocità media del centro di massa della mano durante la compressione può essere approssimata con:

$$\bar{v} \approx \frac{0 + v_0}{2} \simeq 3.11\, \frac{m}{s}.$$

Supponiamo che la mano si schiacci durante l'urto fino ad accorciarsi di un quarto del suo diametro originale, cioè di una lunghezza $\eta = 0.25d = 16.25\,mm$; *possiamo quindi stimare il tempo di contatto tra le due mani come:*

$$\tau = 2\frac{\eta}{\bar{v}} = \simeq 0.010\,s$$

Dal teorema dell'impulso, possiamo calcolare la forza media che agisce sulle mani utilizzando la media integrale:

$$\Delta q = q(t_0 + \tau) - q(t_0) = 2m|v_0| \simeq 0.7205 \frac{kg \cdot m}{s}$$

da cui:

$$F_g = mg \simeq 0.57\,N$$

cioè la forza impulsiva è più di due ordini di grandezza più intensa della forza di gravità. Questo permette di trascurare durante l'urto la forza gravitazionale e considerare il sistema mano destra+mano sinistra un sistema isolato.

Questa premessa, magari un pò noiosetta, è per esprimere un concetto molto semplice: quello, appunto, della semplicità o, se preferite, della leggerezza.

La semplicità e la leggerezza sono parte del tutto, sono nel tutto, l'armonia è nella semplicità e nella leggerezza.

Ma per abitudine c'è la tendenza a spiegare, capire, illustrare, dimostrare:

"Se non è scientificamente dimostrato come mai le mani provocano un suono quando si urtano tra di loro allora non è un battimano"

Se non lo dimostro non esiste, se non lo spiego non si capisce, se non lo discuto non entro in discussione e così via. Devo criticare, esaminare, vivisezionare, analizzare, riflettere, rendere conto.

E così per dire una cosa semplicissima a volte occorrono le ore, i giorni, i mesi, anni e forse mai!

E ci si logora in discorsi senza fine, noiosissimi e pesantissimi!

E non è tutto: si consuma il proprio tempo in maniera aberrante, discorsi, parole e discorsi senza fine, batti e ribatti, qua qua, aria fritta all'infinito e poi non c'è mai il tempo per sè stessi, quello per i propri figli o il proprio partner o più semplicemente il tempo vola e lo si scopre troppo tardi.

E' importante alleggerire questo carico oneroso, a volte sento persone ripetere la stessa frase due o più volte, che senso ha? Una loro insicurezza? Soffrono di sindrome da contraddizione?

Siate leggeri, semplici e silenziosi.

Mi fermo qui, perchè l'argomento si presta a sviluppi enormi, concludo solo con un esempio.

Così come anzichè dire: "*Batto le mani*" posso dire tutto quanto esposto sopra, pensate un attimo a quante cose vengono dette e fatte anzichè dire, semplicemente: "Ti amo"

L'economia dell'amore

Il male semina dolore e propaganda la propria superiorità. Il bene soffre ma non può reagire con le stesse armi, anche se le avrebbe non può usarle altrimenti si romperebbe questo equilibrio volumetrico e infatti soffre ma non agisce, subisce senza reagire, se contrattacca passa dalla parte del male e fa il suo gioco.

Quando il male accerchia il bene, soffocandolo, può comprimerlo, aumentandone la sofferenza e ricavando sempre più potere energetico.

Come può, il bene, intervenire, agire senza contrattaccare, restare nel bene ma al tempo stesso difendersi o, meglio, ribaltare la situazione?

Negli anni 60 si parla di boom economico, ma il boom economico è stato il riflesso di una situazione in cui intere generazioni sono uscite allo scoperto manifestando millenni di repressione: amore libero, fate l'amore non la guerra, figli dei fiori (ecc...) milioni di giovani uniti all'insegna della pace e della libertà.

Da qui è conseguita una felicità che ha innescato **per conseguenza** anche il benessere di tipo economico. Non era certo questo l'obiettivo della rivoluzione. Ma se la felicità è stato il tornaconto dell'esercito del bene, il boom economico è stato il tornaconto dell'esercito del male, non a caso nella stessa era giungono le droghe, diminuiscono le guerre ma aumenta il potenziale distruttivo di ogni singola guerra (da approfondire, ma non ha importanza)

Importante è capire cosa significa **POSIZIONARSI NELL'A-MORE**

Lamentarsi della sofferenza provocata dal male fa il gioco del male, è autopenalizzante. Non lamentarsi neutralizza l'azione del male che ha lo scopo di provocare lamenti.

Ecco infatti che nello stesso periodo nascono nuove forme di aggressione da parte del male che scopre una nuova arma, meravigliosa, virale, autopropagante: la depressione! Non solo soffoca il nemico, ma riesce persino a renderlo inoffensivo e a creare malessere dal nulla! Fantastico no? E' sufficiente propagare falsi valori e false ideologie, false notizie e il bene si DEPRIME! Che arma straordinaria. Bastano pochi potenti per contagiare il mondo intero!

E il bene, che non conosce la falsità, crede a tutto questo, il bene che non sa contrattaccare e aggredire, si rifugia in un nulla inoffensivo e autodistruttivo.

Il male si masturba e gode: è un capolavoro!

Non deve neanche più sparare, anzi! Sfrutta i punti deboli dell'avversario per metterlo al tappeto. Altro che guerra fredda! Altro che guerra batteriologica e armi chimiche.

Sfrutta quello che l'esercito del bene considera sue bandiere inattaccabili: la cultura, la religione, la responsabilità civile.

"Dovete votare! Perché finalmente siete un popolo libero, avete faticato tanto a conquistare la vostra libertà! Votate, votate… Ha ha ha!!!"

Ci cascano tutti, vanno in chiesa ed escono perfettamente conformati, rassegnati, non possono opporsi, devono soffrire se vogliono conquistare il Paradiso… Ha ha ha!!!

Credono nei politicanti, nel governo, nella giustizia… perfetto! Venite, votate!

Qua qua qua... pio pio... bèèèè... ecco... arrivano i greggi di papere, le oche, le galline, le pecorelle, arrivano a migliaia, milioni !!!

Qualcuno non sta al gioco e reagisce! Ha ha ha ecco dei nuovi adepti, nuovi discepoli! Guardate, si scontrano tra di loro! Litigano persino nella famiglie, anziché fare l'amore si cornificano, si insultano, fantastico!

Diamogli tanti bei lavoretti da fare, contratti, lavoro garantito, tutti in fabbrica a far girare le macchinette, tutti in banca a far girare il denaro, denaro... ha ha ha !!! pezzettini di carta colorata per cui sono disposti a tutto, diciamoglielo dai, che il denaro dà la felicità, mitragliamoli con questi nuovi splendidi strumenti di condizionamento, televisione, stampa, manifesti, dappertutto devono vedere e trovare dei modelli da seguire, devono perdere la concezione del pensiero, devono credersi liberi, così difendono il loro sistema e lo alimentano con il loro stesso lavoro.

Lavorano per pagare, comprare, cose sempre più belle, irresistibili dai! Inventiamo migliaia di cose, sfruttiamola questa ondata di boom tecnologico per creare oggetti sempre più costosi e sempre più inutili che li renderanno sempre più infelici, così lavorano sempre di più, soffrono sempre di più, comprano sempre di più per soffrire sempre di più.

E' un trionfo!

Non hanno più neppure il tempo di essere felici!

E' il momento di divertirci!

Confondiamogli l'idee

Diamogli delle ricette illusorie non una: mille, diecimila, diciamogli che basta pensare positivo per essere felici. HAHA guarda che stupidi, abboccano!!! Sono infelici più di prima, fanno una vita schifosa col sorriso prestampato, hanno messo la mascherina di carnevale e sono convinti di avere risolto.

Inventiamone altre dai, sono dei pesci, abboccano a tutto! Cristalli colorati, pietruzze, tisane, decotti, rimedi, cure, farmaci, droghe, discoteche, automobili che fanno i 250 orari, moto che vanno a 350 all'ora su strade a limite 130! Sono così stupidi che le fabbricano veramente e poi le reclamizzano, le vendono, le comprano, le usano, si ammazzano da soli!

Un trionfo totale!

La verità

La verità è color arcobaleno

Così possiamo posizionarci, osservando i segnali della vita, del mondo, la posizione delle stelle, i cicli delle stagioni, la forma del singolo seme, del fiore e del frutto, i processi evolutivi, il ciclo delle acque, tutto, ma proprio tutto contiene in sé il senso della vita, dell'essere, dell'esistere, le risposte sono ovunque e ognuno può trovare la sua risposta.

Non sono chiacchiere, non è polvere!

La felicità neutralizza il potere del male!

Ma non è nel denaro, nella cultura, nell'ideologia, nella religione, nei patrimoni, negli averi, nessuno può darcela, scrivercela o prescrivercela.

Ma possiamo dire e spiegare dove trovarla e come!

Creare esercizi e metodi, ma questo può servire solamente ad abbattere il potere negativo che ci condiziona: demodellando si crea una minor pressione, si depressurizza il potere di soffocamento, con il reberthing si dà respiro a chi è soffocato, con la meditazione si depressurizza la pressione mentale, ma è tutto limitato! Tutto superficiale! Il pensiero positivo è una beffa!

L'attrazione è un esempio da osservare non una legge da sfruttare per vendere tecniche o libri!

Ci programmano per parlare, tecniche per ragionare, tecnica di pensiero, tecnica per realizzarsi... è qui che usciamo di strada definitivamente!

E quando anche le presunte ricette si dimostrano inefficaci, ormai è tardi! La vita è giunta al termine tra tentativi di ogni genere!!!

Abbiamo un tempo a disposizione per risolvere il rebus, uscire dal labirinto, unire i tasselli e ricomporre il mosaico sacro che dà vita alla nostra vita!!!

E tutti lo sprecano!

E chi non lo spreca si isola e resta posizionato nell'amore come un lupo solitario, un eremita. E non serve a nulla!

E chi lo intuisce cade nella trappola più subdola, ci specula sopra, ne fa uno strumento per il proprio ego, per avere riscontro, successo, ricchezza!

Questo è il caos da cui dobbiamo uscire.

Perché **l'uomo è la razza eletta** e selezionata tra miliardi di forme di vita e ha il dovere e il ruolo di posizionarsi nell'amore!

La iena non sa farlo, lo sciacallo non può farlo, neanche l'avvoltoio!

Abbiamo una grande responsabilità ma anche e soprattutto **un grande dono**!!!

Ognuno deve partire da **UN** punto, una breccia di luce, basta poco.

Ma deve essere luce sorgiva, cristallina, purissima, assoluta.

La luce delle stelle

Il sole è una stella!

E innescare dentro di sé una progressione fibonacciana per cui dal primo spiraglio ne avviene un secondo, poi molti, moltissimi, fino ad esplodere di luce all'infinito!

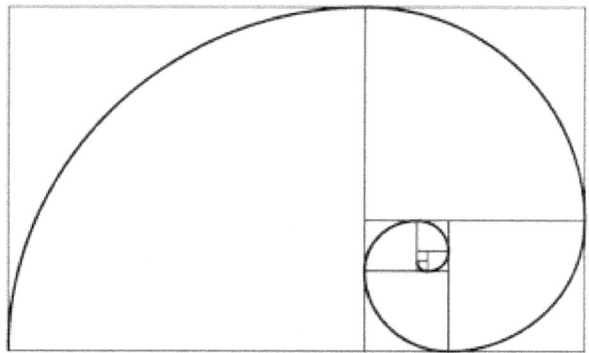

L'uomo, tutta l'umanità, può riposizionarsi in breve tempo, perché siamo nell'ora della luce, il lungo lavoro del primo ciclo si è compiuto, le anime in risveglio vagano confuse, smarrite, sanno solamente una cosa: devono unirsi.

Solo questo.

Posizionarsi **insieme**, incontrarsi e posizionarsi, incontrarsi e posizionarsi, non sanno a cosa serve ma sanno che devono farlo. E lo fanno. Confusi ma lo fanno.

Aspettano di incontrare una guida, ma non ne avranno.

Aspettano di trovare risposte ma nessuno gliele darà.

Perché in ognuno c'è già il tutto.

L'universo è in noi.

E come polvere cosmica, smarrita e confusa, possiamo unirci e dare vita al grande processo di luce, brillare e divenire parte del firmamento vivo, solo questo possiamo fare, solamente questa la nostra unica missione di vita.

Fuori da questa missione siamo solamente anime vaganti nel tempo, torniamo nella polvere e polvere restiamo fino a quando, anziché polvere, diventeremo luce.

Cosa stai pensando: che sono tutte cavolate? **Ovvio, sei nella trappola del male!**

Che non è scientificamente dimostrato? **Sei appeso alla lenza, hai abboccato!**

Che sono pazzo? **Sei chiuso in una gabbia autobloccante!**

Isolami, deridimi, sono farneticante, non sono conforme, sono malato, diverso, pericoloso, asociale... su, fallo! Continua il loro gioco! Difendili, alimentali ma poi non lamentarti se ti senti in un labirinto e non trovi l'uscita, se hai tante splendide convinzioni ma ti manca una, una sola risposta! *"Ma come posso essere felice? Con tutto quello che accade nel mondo!"* **Resta nell'infelicità e continua ad alimentarli!**

"Non so come fare ad essere felice! Le ho provate tutte, sono rassegnato!" **Hai ceduto la tua anima, ti hanno sconfitto!**

Devi combattere ma non contro qualcuno! Dentro di Te! Solo dentro di te! Contro le tue credenze, le tue paure, le tue convinzioni, è tutto in te.

Combatti con il cuore per sconfiggere le tue ombre.

Quando combatti per amore difendi la luce più elevata del tuo cuore!

QUESTO significa essere un GUERRIERO DELL'AMORE

Cos'altro credevi? Di dover scendere sul sentiero di guerra e fare una guerra sacra?

Ripigliati, per favore, risvegliati, vieni, dammi la mano, abbracciami andiamo ad osservare un tramonto, ad amarlo. Incomincia da qui. Dalle piccole cose, crea uno scudo di amore intorno a te per isolarti dalle forze del male, alimentati di bellezza, non devi più pensare ma solo ascoltare. Ascolta il sole, la luna e le stelle, ascolta il vento e le nuvole.

Non è una ricettina insipida dei soliti predicatori della compassione!

Non è un modo di dire!

Non sono parole campate per aria, aria fritta, acqua calda.

E' la tua missione!

Risvegliati, per favore, apri gli occhi, posizionati nell'amore, te lo chiedo per amore.

La trasformazione politica

Sarebbe bello se fosse sufficiente un voto alternativo per cambiare completamente le cose ma la Terra insegna che i cambiamenti avvengono in ere, epoche, che tutto si trasforma non oggi per domani ma attraverso il giusto percorso del dovuto arco temporale.

Oggi è in atto un cambiamento a livello politico che non è tanto una variante della classe di governo, ma un movimento interno al singolo cittadino, è lui, ognuno di noi artefici di un cambiamento che non avviene fuori, ma dentro ciascuno quando prendiamo coscienza di valori diversi, riferimenti diversi, idee e convinzioni diverse.

Se vogliamo cambiare il Paese dobbiamo affrontare con coraggio il cambiamento delle nostre coscienze, passare dalla rabbia incostruttiva alla collaboratività, solidarietà e fratellanza ben più costruttiva, lavorare per sciogliere qualunque forma di discriminazione sociale, razziale, etica, religiosa o economica, culturale o ideologica, lavorare nel nostro cuore per aprirci al piacere e al desiderio di un governo trasparente e pacifico, leale e lungimirante.

Non è facile, perchè dovremmo anche immaginare di rinunciare al piacere del contrasto ideologico, del litigio, alla possibilità di accusare qualcuno dei nostri mali scaricando così in un comodo immondezzaio le nostre responsabilità... siamo convinti di volerlo fare?

E' così facile prendersela con il mondo, con il cielo, con dio o tutti i santi e delegare a loro la causa dei nostri mali e della nostra infelicità, c'è un preciso culto della sofferenza che impedisce da tempo immemorabile di superare la soglia del vittimismo per lanciarsi negli spazi di una reale libertà.

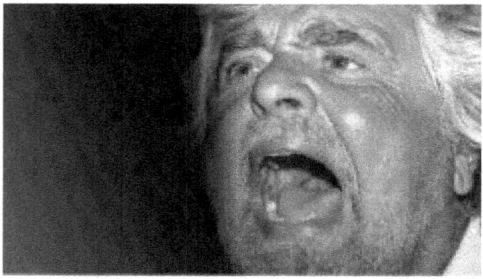

Ma quanti desiderano veramente tutto questo? Oggi ancora pochi, pochissimi!

E' una ideologia delle parole, per molti è una utopia: *"Vorrei, sarebbe bello, sarebbe stupendo... ma non si può, non si dice, non si pensa, la storia insegna diversamente, bisogna pensare a questo pensare a quell'altro... castelli in aria! favole! culto della negatività a cui la chiesa ha dato da un paio di millenni un eccellente contributo, per la grassa gioia degli avidi al potere!"*

Il cambiamento di oggi è un qualunque cambiamento di sempre, nulla di nuovo, ce ne saranno altri, ce ne saranno sempre!

Ora si è insediata una classe politica alternativa che ha fatto della rabbia e della protesta il proprio veicolo di propagazione, la rabbia era tanta e così è stato sufficiente caricare la catapulta per proiettarsi in parlamento con idee buone, propositi buoni, ma chiarezza forse ancora poca, molto poca.

Purtroppo il governo attuale, ingovernabile, è solamente une breve temporanea parentesi destinata a durare 7-8 mesi, forse meno.

Dove sta l'errore? Nei politici?

No, sta nel singolo cittadino, che è ancora confuso e non sa staccarsi dal piacere morboso di godere dei litigi partitici, di sprecare parole e considerazioni gratuite sui malfatti e sulle ruberie, che è indeciso se puntare e inve-

stire sul proprio benessere (che significa essere bene, ossia felice) o continuare questo perverso gioco autodistruttivo del "*vorrei ma non posso*" - "*E' una utopia*".

I governanti vecchio stampo lo sanno bene e fin da subito puntano non certo a governare ma a reprimere il
cambiamento, qualcuno si è minimamente premurato di
proporre qualcosa?

NESSUNO

Dopo l'abbuffata elettorale, milioni ai partiti e via con le
dispute, la bagarre, il gioco al degrado... sputtana tu
che sputtano anch'io.

Molto triste, ma durerà poco.

In questo arco temporaneo c'è però lo spazio per
una **VERA** presa di coscienza, può maturare realmente,
accadere.

Si pensa da sempre che non sia possibile trasformare la
rabbia in gioia, questo sta accadendo ancora. Il movimento che ancora adesso potrebbe giocare le carte
della trasformazione grida la propria rabbia ma i cittadini
non reggeranno ancora a lungo, dopo il voto di protesta
vogliono vita, felicità, futuro, progetti, ideali.

No! Questi gridano ancora, continueranno a farlo! E crolleranno anche loro.

Rabbia, protesta e rivoluzione sono solo sinonimi di caos!

Accade nelle singole famiglie così come nelle intere nazioni.

Se oggi **un solo, illuminato politicante**, deponesse le armi e con il cuore in mano invocasse con amore e lealtà gli altri a fare altrettanto, forse qualcosa cambierebbe.

Ma poi cosa direbbero i telegiornali? i giornali? i giornalisti sensazionalisti?

Come potrebbero fare ascolto le ridicole puntate di tv spazzatura dove tutti si denigrano, si degradano, si confrontano sulla base della propria capacità di deridere e mai, mai, mai di amare e parlare di amore?

Incominciamo a togliere importanza al culto della rabbia, dentro di noi, dentro ciascuno di noi.

Se potessimo eleggere il sole nostro presidente saremmo governati da una luce divina.

In realtà già accade ma tutto si infrange contro le mura ostruzionistiche dell'interesse individuale e contro questo inossidabile culto dell'impropero, della ribellione armi in pugno, gridare, come se fossimo all'arena, sempre più forte.

Il partito del silenzio, il partito della pace, il partito dell'amore ci sono già, è sufficiente aderire con la propria consapevolezza: via le fette di salame, allontanatevi dal muro, via le bende, le stampelle, gli antidepressivi, gli alcolici e le droghe, via tutto, queste sono le cose da gettare, non la propria felicità!

Un governo che non governa?

Ma come è possibile pensare che qualche centinaio di eletti, votati da un popolo di milioni di cittadini fiduciosi, speranzosi, forse illusi ma certamente mai rassegnati possa ritrovarsi un blocco di coalizioni e minoranze tali da non essere in grado di governare?

Non è forse la definitiva certificazione che i politici curano i propri esclusivi interessi personali o partitici senza curarsi minimamente dell'interesse della nazione per la quale sono stati preposti come guida, rettori di un sistema, portavoce della gente, dovrebbero essere un esercito di luminari che si unisce, si congiunge, magari con qualche divergenza di opinione, magari con qualche discussione ideologica o economica... non ha importanza! Quando qualcuno è eletto sovrano ha il dovere **SACRO** di rappresentare gli interessi del paese, sia per quanto riguardo la popolazione umana che l'ambiente geografico.

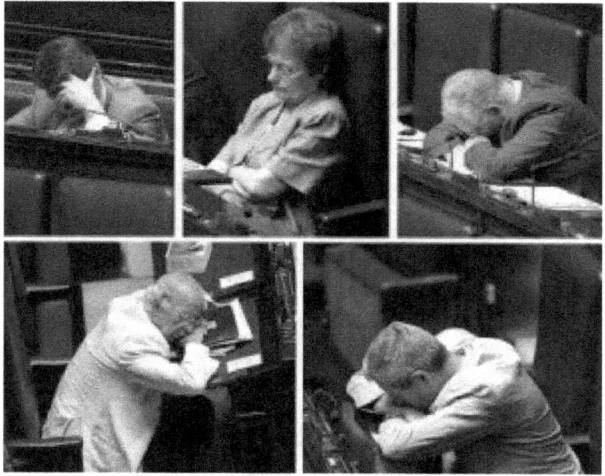

Non accade **NULLA** di tutto questo, ma proprio **NULLA**! Prima ancora di iniziare ad avviare un qualunque confronto si dà già per scontato che non sarà possibile governare! Ma che senso ha? Sono politici o fratellini litigiosi che si rubano le caramelle a vicenda?

Forse, purtroppo, la risposta è proprio la seconda! In fondo cos'hanno dimostrato? Chi? Quando? Solo ed esclusivamente di saper abbindolare la gente con campagne politiche incentrate sul litigio o ridicole promesse, acquisizione di voti tramite mosse che degradano gli avversari, facendo leva su quello che maggiormente tocca il cuore della gente: le tasse inique, l'evasione, la povertà, il lavoro ma queste sono solo manovre di propaganda! Non è alcun presupposto della buona capacità di governo, anzi!

Nessuno ha dimostrato di avere a cuore il bene della nazione, solamente grida, insulti, strilli, menzogne, favolette, storielle, rabbia, discussioni di assoluta sterilità, confronti e sfide, tolgo questo e metto quello, proteggo i piccoli e difendo i grandi, abbasso questo e alzo quello, tolgo quest'altro per aggiungere mio nonno in carriola... fare il girotondo o il gioco dell'oca sarebbe più costruttivo e forse più educativo, Che giochino a rialzo, a nascondino o guardie e ladri, o facciano politica, per loro è la stessa cosa, conta solo **VINCERE** e se non si afferma un partito di maggioranza cosa significa? Che non possono governare?

Non sono forse degli esperti, illuminati politicanti?

Ovvio che no!

Sono solo protagonisti del proprio ego e della propria avidità, ingordigia esistenziale basata esclusivamente sul proprio interesse, la propria bandiera e la propria ideologia che non è una cultura del benessere nazionale, altrimenti sarebbero tutti daccordo, ma solamente lo studio scientifico e metodico di come curare al meglio il proprio interesse di nicchia, personale, familiare, del proprio gruppo, della propria sfera, della propria classe.

Ci sono appalti statali mistificati per milioni, miliardi di euro e farneticano di tagliare le spese ai parlamentari... è fumo negli occhi! :-) si tolgono cento per prendere mille!

Seduti in una sala chiamata parlamento, ora, questi ple-
bei dovrebbero solamente guardarsi in faccia, stringersi
la mano e, perchè no? abbracciarsi, unirsi, cosa importa
quale sia il loro simbolo, la loro bandiera, cosa importa?
sono stati eletti!!!

Hanno il **DOVERE** di governare, accordarsi, unire le proprie forze, solo questo **DEVONO** fare! Vogliono fare i politici o i bambini capricciosi?

Anche in questo caso, purtroppo, la risposta è la seconda.

E questo dimostra gravemente l'incapacità politica di
fondo, la falsità di intenti: il bene e il male sono diame-
tralmente opposti, chiunque sa distinguerli, chiunque!

Se loro non sono in grado di avere e portare nel proprio
cuore il senso della giustizia, dell'equità, del buon governo, dell'accordarsi, dello studio di soluzioni e non di complicazioni... paghino!

Paghino per lo sperpero immane di risorse durante il loro
circo elettorale, paghino per il male che provocano con
l'inadeguatezza totale di un preciso intento benevolo.

Forse la prima legge da discutere e approvare, urgentemente, dovrebbe riguardare proprio loro: se chi viene eletto non è in grado di accordarsi, partecipare costruttivamente con **TUTTI** al bene della nazione, fraternizzare e impegnarsi per unire le proprie forze e il proprio presunto talento politico, siano processati da un referendum popolare e paghino, esattamente come paga chiunque non rispetta il bene della nazione stessa.

Promesse elettorali

E' certamente una cosa molto bella vedere l'impegno dei grandi governanti, o aspiranti tali, nell'autoproclamarsi, autocelebrarsi, calcolando voto dopo voto, promessa dopo promessa l'andamento della propria campagna elettorale.

E' uno dei momenti migliori dal punto di vista sociale, in cui il Grande Circo si mette in moto e lavora a pieno regime per trovare ogni modo di affermarsi, non importa come, non importa lo stile, importa che i voti arrivino, abbondanti, tanti, tantissimi.

Poi nasceranno le alleanze, quelle vere, basate sulla condivisione di intenti e ideali al fine di determinare un regime di stabilità e fratellanza che possa quindi riflettersi nel benessere sociale, propagando trasparenza, fiducia e soprattutto coerenza.

Una volta si diceva che comprare i voti, pagando singoli elettori o gruppi di votanti, fosse contrario non solo all'etica ma persino, giustamente, alla legge stessa.

Oggi per fortuna le cose sono cambiate ed è possibile acquistare voti a oltranza, è un chiaro segno del progresso, della liberalizzazione, una conquista! E' possibile persino andare in televisione e convocare i giornalisti per annunciare soldi, pagati dal politicante stesso in prima persona! Votatelo, eleggetelo e LUI vi darà denaro, rimborsando spese ingiustamente sostenute! Non c'è neanche più bisogno di avanzare proposte di sviluppo reale, basate sul progresso sociale, sul benessere inteso come programma politico che abbia il singolo cittadino come protagonista... NO!!! Il benessere di un paese si misura dalla felicità della classe politica, ormai, se loro sono felici significa che il paese è felice!

Peccato che ultimamente era diventato difficile banchettare a spese dello stato, ecco perchè sono così furiosi, determinati, irascibili, litigiosi: non sono felici!

Brutto mestiere il politicante: sei costretto a impegnarti sempre di più per spremere sempre di più le risorse nazionali, umane e materiali, le strutture e le istituzioni e quando c'è un intoppo basta muovere le pedine giuste e... voilà! Come per magia nascono leggi e misure che consentono di muoversi a piacimento. Splendido!

Sarebbe sufficiente che "**loro**" si illuminassero, provassero a pensare al cittadino e non alla loro classe, basterebbe un gesto di lealtà sociale per avere il **VERO** benessere sociale, basterebbe la coscienza, il buon senso e più semplicemente un pò di amore in queste anime governate dal potere, dal narcisismo, dall'egocentrismo, dal protagonismo, per avere una visione diversa delle cose. I messaggi lanciati nel periodo pre-elettorale riflettono la realtà nazionale: i loro litigi, le loro disputi, gli insulti, le provocazioni, le battaglie verbali, gli scontri, le diffamazioni, tutte queste speculazioni che avvengono sempre tra di loro e *MAI* nell'interesse dei cittadini, sono i prodromi per un futuro tutt'altro che sereno.

Come un buon genitore, ogni politico dovrebbe essere esempio rappresentativo da cui attingere saggezza, modello comportamentale, maestri di vita. Qualunque cosa accada la loro grave mancanza non sarà certamente quella di aver avuto insufficienti voti, insufficienti poteri, insufficienti strumenti ma solamente quella di aver proposto, fin da subito, un modello basato sull'avidità e sullo scontro, sulla prevaricazione e sulla discordia. Questi sono i loro semi e questo, da tempo, cresce... Tutti sognano una classe politica centrata sull'amore, con dei valori che non siano precostituiti o peggio ancora riferiti al medio evo.

Quando ci si ritrova nelle mani di una banda di circensi che gioca sullo spettacolo, sul diverbio, sullo sgambetto all'avversario, sulle alleanze d'interesse: non c'è comunione di intenti, l'unico collante è avere lo stesso nemico. I cittadini vogliono pace, trasparenza, coerenza, lealtà, fratellanza e sorrisi. Purtroppo offrono l'esatto contrario e non ci sono alternative! Il modello basato sul litigio e sulla rivalità continua a prevalere perchè non ne conoscono altri!

Ma per fortuna non durerà a lungo: sta per giungere una nuova era, centrata sull'amore: a questo dobbiamo veramente credere, con profonda fiducia interiore. Loro non possono cambiare il mondo, ma noi possiamo cambiare loro. Sensibilizzandoli, illuminandoli... se il modello genitoriale è malato a volte un bambino può guarirlo, essere lui l'esempio da seguire, un abbraccio sincero può cambiare il mondo ed è questo, solamente questo che può accadere, il resto è solo polvere, grida, schiamazzi, promesse da mercante in fiera:

- *"Votate me e avrete questo"*
- *"Datemi fiducia e vi pagherò, avrete rimborsi, condoni!!!"*
- *"Votate contro!"*
- *"Votate, votate, votate!!!"*

Ma un giorno saranno loro a voltarsi, sentire una luce e un calore diversi, è sufficiente un bambino per cambiare il mondo, proviamoci, insieme, proviamoci davvero... :-D

Debito estero (?!?)

In economia il **debito estero** è una quota parte del debito totale, pubblico e privato, contratto da un Paese verso creditori privati, governi ed enti pubblici di un altro o altri Paesi. Il debito estero è il debito collettivo contratto nei confronti di una nazione verso i creditori stranieri. (fonte: Wikipedia)

Ora, ammesso che questo debito esista e non sia solamente una delle tante ricette cucinate a regola d'arte dai vari istituti di credito internazionale che si gonfiano a dismisura per poi esplodere seminando caos e fallimenti, sarebbe bene capire due cose fondamentali:

- Chi si è indebitato (e possibilmente perchè)
- Chi sono i creditori

E' improbabile che a indebitarsi siano state le persone o le imprese a basso reddito proprio perchè gestiscono poche risorse e per queste stesse ragioni sono soggetti a fornire infinite garanzie per ottenere il più semplice dei prestiti, anche quando si tratta di finanziare l'acquisto di beni di prima necessità: la casa, spese mediche, piccoli acquisti. I volumi del presunto debito parlano di cifre difficilmente pronunciabili, si parla di migliaia di miliardi (euro, sterline o dollari che siano) finiti chissà dove e chissà come altrove, non è difficile avere la percezione che qualcosa non funziona a livello di grandi istituzioni.

Chi ha provocato il debito è il debitore.

Si alzi e vada a pagare!

Si ma pagare chi?

Qualcuno certamente sarà a credito, altrimenti non ci sarebbe nessun debito. Saranno altri paesi, sceicchi, magnati, poco importa in fondo.

Abbiamo il paese più bello del pianeta, con i mari più belli, le montagne più belle, il cibo migliore, siamo la culla delle grandi culture senza tempo, abbiamo città d'arte, monumenti di straordinaria bellezza e sappiamo persino ideare, creare tante cose uniche al mondo.

Questa è la nostra principale risorsa, la nostra più grande ricchezza: forse è il caso di proporsi in un modo diverso e prendere questo esercito di presunti creditori e barattare la cancellazione di questo "debito" inestinguibile con qualcosa di molto più importante dei numerini bancari con cui tanto amorevolmente e appassionatamente giocano quotidianamente in borsa.

Vengano, questi presunti creditori: gli offriremo del buon vino, li porteremo a visitare i templi della Sicilia, il Foro Romano, Venezia e Firenze, Piazza dei Miracoli, Siena, Orvieto, i castelli e le rocche, i borghi, le colline e le campagne, invitiamoli a specchiarsi nelle acque del lago d'Iseo, di Como, a passeggiare lungo le rive dell'Arno o del Tevere, portiamoli a respirare sul Gran Paradiso e sulle cime del Monte Bianco, del Monte Rosa, a meditare di fronte al Cervino o alle Torri di Lavaredo, ad accarezzare i fiori di pesco, di melo, a bagnarsi nelle acque della Sardegna o dell'isola d'Elba, a sognare di convertire la propria avidità in un mondo fatato dove ancora è possibile smarrirsi nel profumo di mille fiori e osservare le onde di tanti mari diversi, ascoltare la voce di un tempo lontano che ancora è trascritta nelle migliaia di risorse artistiche faticosamente custodite... dimenticheranno presto di essere venuti a riscuotere numerini e carta straccia, invitiamoli... ad assaggiare il pecorino toscano e la pizza, quella vera, napoletana, non quella preconfezionata o surgelata, seduciamoli, incantiamoli con quella gioia di vivere che tanto ossessivamente si premurano di soffocare. Certamente anche loro hanno bisogno di un sorriso sincero, un gesto d'amore, loro più che mai!

Invece di piangere, inginocchiarsi e pregare, sperare, rassegnarsi, aspettare tempi migliori, apriamo le porte, le frontiere, vengano a dissetarsi, assaporare il profumo della vita... popoli che non hanno un solo monumento edificato nella storia, una sola città d'arte, paesi basati sull'economia senza spirito né tradizioni. Qui abbiamo tutto quello che chiunque possa sognare tranne, forse, la capacità di rendercene conto. Un clima meraviglioso, una terra generosa, un paese ricco, ricchissimo di bellezza, colori, calore. Perchè spegnere tutto questo?

Perchè fingere di non vedere?

La ricchezza è qui: vengano ad attingere, rinascere, riscoprire qualcosa che forse non hanno mai avuto, nel loro deserto di origine.

E la smettano di parlare di debiti: se vogliono la ricchezza, quella vera, siamo pronti a donargliela, condividerla, accoglierli e ospitarli.

Di spedire tonnellate di carta bollata e siglata, filigranata o protocollata, avanti e indietro tra un paese e l'altro a noi, in fondo, importa poco, questo è il loro gioco, una specie di Monopoli dove un giorno peschi "*imprevisti*" e quello dopo "*probabilità*".

Bhe... la vita è una cosa diversa, molto diversa, forse i "*grandi*" economisti se ne sono dimenticati da tempo, imbottiti di lauree e dottorati, master e specializzazioni, magari spetta proprio a noi un gesto di carità nei loro confronti, chissà... magari un raggio di luce entra nel loro cuore e si scoprono le ricchezze, quelle vere, quelle preziose.

:-D

Matrimonio omosessuale

La notizia di cronaca è il voto della grande maggioranza dei deputati Francesi per l'approvazione di un disegno di legge sulla **apertura verso il matrimonio omosessuale**.

Non è tanto compito nostro valutare i pro e i contro sul piano etico o sociale, la domanda importante da porsi è la seguente:

"Che importanza ha, per una coppia gay-lesbo avere o meno la possibilità di sposarsi? Perchè in molti paesi del mondo si battono per avere questo diritto che è in fondo secondario rispetto alla loro libertà relazionale?"

Ecco che ci troviamo a scavare nelle radici di un fenomeno di grave sofferenza interiore che deriva dalla *"diversità"*, dalla diseguaglianza in termini di diritti e riconoscimenti dovuta, in questo caso, alla sfera sessuale, che è particolarmente vulnerabile visto che è sede degli organi destinati alla intimità della relazione.

Il riconoscimento civile o legale è solamente un riflesso di questa esigenza interiore che esprime ancora una volta come sia importante non discriminare, non creare mai, in nessuno strato sociale, una classificazione di merito o di presunta *normalità*.

Nella matrice della diseguaglianza sociale covano le ceneri dei maggiori tormenti interiori che si riversano poi o sulle vittime stesse che svolgono una vita alterata, alienata, isolati socialmente o comunque considerati a lato della maggioranza relativa; oppure il rischio è quello di alimentare violenza, rabbia, reazione... tutto perchè non ci si accetta a vicenda! E perchè poi? Chi si deve permettere di sindacare **come** bisogna essere?

Certamente la religione nostrana fa del suo meglio per portare tormento ai grandi peccatori del pianeta terra, la cultura repressiva è ampiamente argomentata e sovvenzionata dalla chiesa e dalle religioni in genere, ma tutto questo si propaga nei riflessi continui di una società che non riesce ad uniformarsi in un unico baricentro di vita, che è **la vita stessa!**

Il vivere ci accomuna, nella contemporaneità, nel presente, questo grande dono dell'esistere è una ricchezza immensa, vero patrimonio di qualunque forma di vita! Il degrado che deriva dal rifiuto altrui è il bacino di incubazione dell'odio che non a caso ha origine in qualunque forma omofobica, dalla discriminazione razziale a quella religiosa, etica, patrimoniale, lavorativa, economica, via via frazionata in migliaia di piccoli strati secondari dove tutti cercano la comunione relazionale incontrando anime affini e non mi riferisco solo ai contesti di coppia.

Accade ovunque, nei circoli, nei club, nei gruppi, nelle comunità grandi e piccole, nelle passioni sportive, nei locali *esclusivi*. Persino gli alberghi o i ristoranti di lusso giocano su queste vulnerabilità dell'animo umano ed ecco che è sufficiente pagare uno sproposito per essere serviti e riveriti, addirittura ti danno del lei, ti fanno sentire importante, mezzora per scegliere una stupida bottiglia di vino con il sommelier che consiglia una dabbenaggine dietro l'altra, piattini ricamati di fronzoli di ogni genere dove una foglia di lattuga si chiama "*letto di orticanza*". E' tutto un gioco inconsapevole dove si compensano le proprie carenze affettive strapagando una cena per sentirsi "*qualcuno*", ma non sarà mai questo a dare risorse energetiche al nostro cuore, anzi lo impoverisce, si inaridisce, si sterilizza!

E' difficile accorgersene, percepire il sottile confine tra un abbraccio immaginario e uno sguardo di disprezzo, eppure proprio qui l'uomo inizia la propria condanna e chi giudica, chi esprime dissenso, chi combatte per difendere presunti valori secondo cui l'uguaglianza nei diritti equivale al degrado dei valori, è il primo artefice dei peggiori mali dell'umanità intera.

Non è importante sposare una coppia etero o omosessuale: è importante che tutti abbiano pari diritti, è necessario per la società stessa, per smantellare gli strati che separano le anime une dalle altre, unificarle, solo questo è il cammino verso un futuro d'amore universale, qui bisogna intervenire per disarmare le sorgenti del vero degrado, quello che ferisce, umilia e deprime chiunque non sia conforme allo standard locale della maggioranza di riferimento! E' molto primitivo, ingenuo e pericoloso questo gioco dell'indignazione, scarso di umanità e egoisticamente inutile. Gli stessi valori che si desidera difendere vengono in realtà calpestati e vilipesi. Non c'è coerenza, frutto evidente di un morbo contagioso che corrode i sentimenti, inteso come capacità di *sentirsi,* percepire e ascoltare, si sfruttano i luoghi comuni o gli interessi di parte ma queste sono questioni di cuore, di coscienza, occorre una luce interiore capace di orientare le parole e le scelte, invece spesso si brancola nel buio del **pregiudizio.**

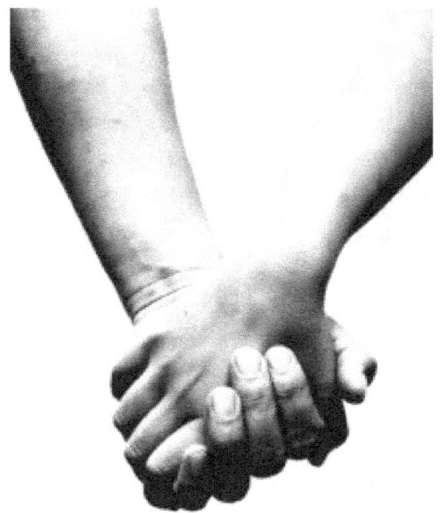

Lo stesso, in fondo, accadeva all'intera popolazione femminile fino a pochi decenni fa, vogliamo ricordare le polemiche sulle prime donne che indossavano un normalissimo paio di pantaloni? <u>**OGGI**</u> **è normale!** Ieri non lo era, d'altra parte i diritti femminili sono ancora gravemente oppressi in moltissimi paesi del mondo che, per nostra fortuna, continua a girare nel suo armonioso moto di rotazione e rivoluzione intorno al sole, i giorni passano e il tempo sconfigge queste **ancestrali paure della biodiver-sità**.

Solo una umanità senza prevaricazione e discriminazione può essere felice, sorridere e abbracciarsi, lavorare serenamente e doverosamente, crescere in un contesto formativo ed educativo finalizzato all'esistenza e non ai filtri da applicare all'esistenza stessa!

Pochi decenni fa, ancora, gli handicappati erano isolati socialmente, i down erano chiamati *mongoloidi* e additati, derisi, visti con diffidenza, se mai si vedevano!

Oggi la concezione è cambiata, sono inseriti nelle scuole, hanno sussidi e assistenza e la loro integrazione sociale è certamente positiva.

Questo è un successo della società! Annullare la diversificazione significa dare luce al cuore di ogni singolo individuo, aprirlo verso la libertà espressiva, realizzare i principi di una fratellanza che può ripagare non tanto chi subisce, oggi, la discriminazione ma sopratutto chi, schiavo dei propri pregiudizi (ingannevolmente chiamati "valori") si nega il diritto di accettare gli altri rifiutando, di conseguenza, se stesso.

La ricerca del benessere

Cercare qualcosa significa posizionarsi in un'attesa ben precisa: quella di *trovare* qualcosa.

Fare o farsi una domanda significa posizionarsi nell'attesa di una *risposta*.

Affrontare un problema significa posizionarsi alla ricerca di una *soluzione*.

Esplorare significa posizionarsi nell'aspettativa di *scoprire*.

Credere in qualcosa significa posizionarsi in una *convinzione*.

Accade così che ad ogni azione ci sia una precisa aspettativa, una consecutio logica, una reazione consequenziale e quando una domanda non trova risposta possiamo ritrovarci nella confusione e nell'incertezza, o quando una credenza o convinzione si rivela inesatta possiamo sprofondare nel caos, nella insicurezza.

Quando un problema non viene risolto possiamo ritrovarci nella preoccupazione, ansia, tensione, rabbia, sconforto, paura o timore... in ambito scientifico, nel contesto di esplorazione di un territorio o anche di una tematica archeologica, storica, tutto tende a vanificarsi e invalidarsi se l'azione che ha scatenato una **ricerca** non viene premiata dal successo finale.

In ambito personale invece avviene un processo quasi opposto, ma la tendenza è quella di rispettare lo stesso percorso conoscitivo utilizzato in ambiti tradizionali, ecco che per conoscersi, esplorarsi, capirsi, interpretarsi, evolversi, risolversi, migliorarsi, esprimersi o liberarsi, vengono sfruttati metodi parascientifici, tabelle di marcia, scalette, percorsi, tracce, metodi e sistemi, studi e sperimentazioni, esercizi, ricondizionamenti... non viene quasi mai risolto nulla ma solamente migliorato, e non sempre, lo standard di malessere iniziale.

In ambito personale infatti la ricerca primaria è definita **benessere**. Ma quanta confusione c'è dietro questo presunto status di felicità ottimale? E soprattutto **CHI** ha definito la scala dei valori, e quando?

Ai livelli più bassi, la ricerca o metodologia di carattere scientifico o farmacologico è quella meno indicata ad affrontare questo percorso, questo argomento.

Il mito della scienza infatti prevede che esista una conoscenza materiale, logica o comunque metodica, schematica, volta a risolvere un problema applicando la presunta soluzione, ricetta o medicina che sia.

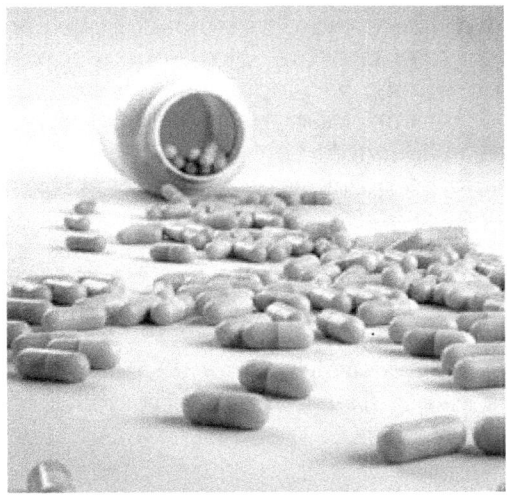

Dove non sia possibile *dimostrare* qualcosa di specifico si ritiene che la causa sia altrove e a questo punto tanto vale intervenire con delle cure, magari dei medicinali, o dei consigli sul benessere in genere, fisico, alimentare, economico, relazionale.

Viene aggirato l'ostacolo e imposta una soluzione alternativa: se il malessere non viene identificato significa che c'è assenza di un certo benessere che può essere ottenuto anche con un farmaco di tipo sedativo così, giusto per evitare di pensare, affrontare, risolvere.

Ma la scienza è purtroppo una delle cause primarie di alcuni malesseri, proprio perchè sposta l'asse di ricerca in una direzione spesso dogmatica: se non è possibile dimostrare una cosa significa che non esiste e quindi vengono applicate soluzioni di altro genere.

Qualcuno, ovviamente ne esce pazzo!

Peccato che **il percorso è di carattere demodellante, destrutturante** e quante più cose si rafforzano o si imprimono e quanto più diventerà laborioso e complesso questo lavoro di ricerca di uno stato di benessere che corrisponde prevalentemente alla propria conoscenza interiore, al senso della vita individuale, alla percezione di ciò che intimamente siamo, desideriamo, vogliamo essere e divenire, in riferimento e relazione al nostro percorso di vita e al nostro posizionamento nell'ambito sociale, famigliare e persino storico.

Perchè proprio ora, qui, in questa era, adesso, su questo pianeta, in questa vita, in questo corpo?

Difficilmente sono queste le domande anzi... la ricerca del benessere viene canalizzata in direzioni di tutt'altro genere:

- *Perchè non ho successo?*
- *Perchè ho fallito?*
- *Perchè non realizzo un progetto?*
- *Perchè non ottengo tutto il denaro che desidero?*
- *Perchè ho questa debolezza?*
- *Perchè non sono come vorrei?*

"Vorrei essere più forte, più bello, più ricco, più colto, più intelligente, più famoso, più potente."

I modelli di riferimento infatti ci inducono a identificare il benessere nel conseguimento di alcuni traguardi e di conseguenza il malessere che provoca infelicità, instabilità, debolezza, sofferenza o rabbia, insofferenza, invidia, cattiveria, malvagità, aggressività o fragilità viene interpretato come un sintomo di "**mancanza**".

Siamo terribilmente fuori pista, fin dal primo istante!!!

I sintomi di malessere vanno interpretati in maniera completamente diversa:

*"**Cosa provoca e determina il malessere?**"*

Qui è la radice del percorso, la root principale, la directory in cui posizionarci per riuscire a leggere i files di origine, prima che venissimo motivati, educati, condizionati, modellati, prima che ci venissero inoculati stimoli devianti, miti da rincorrere tutta la vita per dare un senso alla vita.

Diventa così **NATURALE** che nel percorso di vita, al primo inciampo, iniziamo a barcollare, ma certamente andremo avanti.

Il lavoro sicuro, il posto fisso, la famiglia monogama, l'amore eterno, la posizione e la carriera, i risparmi e gli investimenti, la cultura, gli obiettivi e traguardi, onorificenze, vincite, medaglie e trofei, attestati e diplomi, specializzazioni, schemi e protocolli come se la nostra esistenza intera fosse predefinita, prestampata. D'altra parte tutti fanno così, tutti seguono la linea di *"modelli"* e, in fondo, c'è una ampia libertà di scelta e di espressione, ci sentiamo liberi di scegliere un percorso e siamo sempre convinti di avere il libero arbitrio in ogni scelta a maggior ragione se avvallata dal contesto sociale, confermata da chi ha seguito modelli analoghi, schemini, ricette, di vita, ideologie e bandiere.

"Se qualcosa non ha funzionato e c'è del malessere certamente la causa è in noi!"

XXX ERRORE!!! XXX

Qui il rischio di paralisi esistenziale, crisi, difficoltà, confusione si insinuano come un virus letale autopropagante, qui si dissolvono le energie e franano le anime più forti, quelle corroborate, temprate dalla dura vita, quelle che hanno sfidato sè stessi, quelle che si sono messe in gioco, quelli che hanno reagito a fatica o si sono impegnati a fondo in un ideale, un progetto, la rincorsa di un traguardo magari conseguito.

Quando il sistema interiore va in crisi i sintomi vengono idealmente curati cercando il riposizionamento negli stessi principi, valori e metodi con cui siamo giunti allo stato di malessere o di crisi.

E lo facciamo con sempre maggior determinazione perchè non riusciamo a mettere in dubbio la struttura stessa del sistema, se lo facessimo crollerebbero i pilastri portanti della nostra esistenza, le basi, i riferimenti, i sostegni, le fondamenta: quelli che noi consideriamo "valori" acquisiti attraverso un percorso di conoscenza ed esperienza.

Purtroppo questo tipo di conoscenza viene esplorato attraverso la sfera mentale perchè siamo abituati a pensare, ragionare, dare e ricevere spiegazioni, misurarci e confrontarci, studiare o rivolgerci a <u>chi</u> ha studiato, leggere, ascoltare, riflettere e analizzarci, analizzare, quantificare, calcolare.

Con questo sistema saremo sempre nello strato del malessere e rischiamo di collassare, ovvero di uscire definitivamente dal tracciato aumentando le nostre energie e il nostro impegno, oppure compensando sempre più con metodologie che portano sempre e solamente fuoripista.

Quando ci accorgiamo di tutto questo possiamo posizionarci in un modo nuovo, completamente diverso, quasi opposto: è come invertire la rotta di 180 gradi e puntare altrove e seguire segnali e percorsi apparentemente contro logica, contro natura, contro la consuetudine, l'abitudine, ma non ci allontaneremo da nulla e da nessuno, non saremo "*diversi*" e quindi isolati o respinti. Semplicemente diventiamo timonieri della nostra anima, scegliamo di destrutturare le concezioni della sfera mentale per seguire la mappa, la luce del nostro cuore.

Ecco che, quasi magicamente, appaiono colori nuovi, autentici, abbiamo una stella polare, riceviamo percezioni autentiche e si dipinge così, in noi, con assoluta trasparenza e semplicità, il cammino da seguire.

La paura di naufragare, smarrirci o restare "*tagliati fuori*" è il principale ostacolo a questa manovra direzionale, qui si insidiano i principali timori, le ansie più profonde e le paure più soffocanti. In alternativa possiamo soffocare le percezioni e i segnali che riceviamo costantemente e fingere di nulla, perseverando nel malessere che non a caso è diventato una malattia sociale per non dire mondiale!

Ma non saremo soli, anzi incontreremo altri viandanti solitari e, via via, intere flotte che si radunano, si uniscono, si rafforzano, non ci stiamo allontanando anzi: stiamo navigando in noi stessi e la percezione dell'infinito apre le porte di una serenità senza orizzonti nè limiti. Qui possiamo ora condurre per mano, con amore, le persone care, qui possiamo volare dipingendo con le nostre ali le tracce da seguire, qui siamo in grado finalmente di divenire riferimento, esempio e guida per chi è smarrito e disperso nello schema "*malato*" che desertifica l'anima per rincorrere miti deformanti, devianti, distorsioni, errori di sistema.

Non c'è nulla di male perchè tutto avviene nel bene.

Non troveremo nemici ma solamente amici, comprensione, accordo, armonia e sintonia, uniformità, uguaglianza, fratellanza universale e difficilmente potremo tornare indietro anche perchè acquistiamo una conoscenza diversa in cui non c'è un peggiore e un migliore, non ci sono belli e brutti, colti e ignoranti, ricchi e poveri, giusti o ingiusti.

Prima accadeva secondo una errata ideologia di vita e per questo c'era la violenza, la rabbia, l'agonismo e l'infelicità. Demodellando la struttura finalmente il cuore può respirare e dirigere la nostra anima verso la libertà interiore: ora si liberano gli spazi in cui ascoltare chiaramente i nostri sogni, ora si materializzano con assoluta certezza i nostri veri traguardi, gli obiettivi che danno un senso preciso, nobilitante e autentico alla nostra vita.

Non c'è una ricetta, non c'è nulla a cui credere, nulla di dimostrabile!

Nessuno ha mai dato questa ricetta, nè scienziati nè sociologi, nè politici e meno che mai re e regine, presidenti o dirigenti, nemmeno i grandi potenti, proprio perchè potere, cultura, conoscenza, ricchezza, successo o carriera sono la **causa primaria di qualunque stratificazione sociale e dove c'è stratificazione sociale c'è malessere!!!**

Sentirsi inferiori provoca malessere, ma qual'è la scala di valori? Dove sono le unità di misura?

Sentirsi superiori provoca lo stesso tipo di malessere, perchè significa entrare in un percorso labirintico dove consideriamo il nostro "posizionamento sociale" come rotta da seguire e così, dopo la conferma che stiamo meglio rispetto a quelli che abbiamo scavalcato, siamo costretti a inseguire chi è ancora migliore, superiore a noi e non c'è altra scelta che continuare la scalata verso l'alto e questo può avvenire a qualunque livello, sia che stiamo identificando come scala di valori la fama, la gloria, la potenza, la ricchezza economica, la dimensione lavorativa, la notorietà, la cultura, la saggezza o lo sport, la bellezza o l'eleganza, le prestazioni sessuali, la spiritualità, l'educazione o il perbenismo, l'espansione dimensionale del nostro territorio... è una marcia senza sosta, non è possibile fermarsi, l'ansia di perdere terreno diventa trascinante e si chiama <u>STRESS</u>, una sorta di dipendenza che ci costringe allo sperpero esistenziale compensando sempre più nella stessa direzione.

Invero, andiamo in crisi e cambiamo percorso ma sempre nella stessa direzione, applicando lo stesso principio di base.

E' sufficiente cambiare gruppo o ideologia di riferimento e ricominciamo, come si dice, dal nulla.

Si riparte da zero.

Zero sì... ma allo stesso modo!!!

Il lavoro non mi soddisfa, forse ho sbagliato studi, mi sono specializzato in qualcosa perchè mi hanno portato a credere in una mia predisposizione ma ora ho capito che voglio una cosa diversa. Così studio quello che ritengo essere più adatto, mi realizzo diversamente, va meglio quindi persevero ma poi?

Poi ci sono sempre segnali di altro genere, ma è più semplice ignorarli, fingere di non vederli, barricarsi nel percorso e nell'indirizzo e incanalarsi con determinazione.

Finalmente torneremo a sentirci migliori rispetto a qualcuno!

Ma questa non è realizzazione!!!

In questo sistema ci sono le matrici dell'odio, della classificazione sociale che stratifica in migliaia di livelli miliardi di persone che non a caso e ripeto non a caso litigano per un nulla, vivono nella diffidenza dal prossimo, coltivano l'insofferenza e ne fanno persino una bandiera! I governanti stessi sono le prime vittime di questo sistema, condannati a una sofferenza eterna! Non primeggiano mai abbastanza, sognano il consenso universale ma ci sono sempre rivali, misurano il proprio benessere con il numero di voti ricevuti ma questo non è consenso, è solamente il frutto di una campagna elettorale che fa leva su una promessa anzichè un'altra, ma siccome il meccanismo, i giochi e le trame di questo percorso ormai sono note a tutti ecco perchè i partiti curano solamente la propaganda elettorale e si confrontano non sui propositi ma sul litigio, sullo scontro!!! E' drammatico tutto questo! Chi è preposto al ruolo di riferimento è la principale vittima del suo stesso sistema!

Nessuno parla di amore, fratellanza, lealtà! E' più importante scavare nella tana del nemico per capire come sputtanarlo, come smascherarne le falsità!

Ma gira e rigira, trita e ritrita, sono sempre le stesse cose, le stesse argomentazioni, mai un vero proposito! mai un segnale di luce! MAI!!!

Eppure in un mondo diverso, a prescindere dal debito pubblico, dal pil, dallo spread, dall'efficienza sanitaria o scolastica, dalle condizioni meteo o dallo smog, sarebbe sufficiente percepire amore nell'aria per respirare qualcosa di completamente diverso!

Forse sarebbe troppo semplice, certo... per questo tutti dicono la stessa cosa:

"Sarebbe bello peccato che..."

"E' una utopia!"

Ma amare non è un'utopia, sorridere non è utopia, la felicità non è utopia ed è qui, a portata di mano, per tutti, indistintamente!

Una classe politica veramente illuminata semina abbracci, non promesse, sorrisi e non propaganda! Il benessere è nello stare bene, non nell'andamento della borsa! Quello è l'unità di misura di un benessere di altro genere, sorgente di origine del malessere universale!

Chi accusa il degrado dei valori considerandosi portatore di un giusto valore semina e coltiva quello stesso malessere che provoca una crisi dei valori!

Urlare, gridare, accusare, offendere, scavalcare, primeggiare... questi sono i modelli di riferimento che si sono sovrascritti nella nostra anima soffocando il cuore di intere popolazioni! La violenza sociale, individuale o di gruppo, i disordini, le ribellioni, nascono solamente dalla chiara percezione di sofferenza interiore: quando viene raggiunta la soglia di insofferenza la reazione avviene sullo stesso piano del modello di riferimento, tutto qui!

Purtroppo non basta il posizionamento superficiale, purtroppo non è sufficiente indossare una maschera che sorride per nascondere le lacrime, purtroppo NO! Il cuore non si fa ingannare e ogni sintomo di malessere e sofferenza è un preciso segnale da ascoltare e seguire.

PRECISO!!!

La ricerca, se proprio deve esserci, non è verso "qualcosa" ma va indirizzata verso tutti quei numerosissimi "qualcosa" che si sono accumulati a decine, centinaia e migliaia in ogni individuo determinandone il presunto carattere, la formazione, la categorizzazione, la presunta identificazione e le relative abitudini, credenze, convinzioni, gusti, opinioni... per farli da parte, anche solo un istante, quanto basta per ascoltare il nostro cuore e non le voci assordanti che inquinano il silenzio interiore.

Difficile, lo so, ma non utopistico.

L'unica utopia possibile è pensare che esista una utopia.

Il risveglio dell'incontro

Se qualcuno, **anche solo** uno si risveglia...

Uno

Il punto

.

E' nulla confronto all'infinito.

Il nulla incontra un altro nulla.

Ora sono 2 punti

..

Ancora niente, nulla di cui preoccuparsi.

Ma fino a che il punto era solitario, si moltiplicava con sé stesso e restava sempre uno.

1x1=1

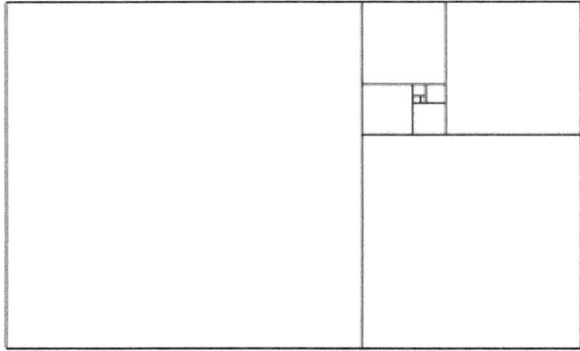

Ora sono due e si moltiplicano per sé stessi

2x2=4

Perché è importante incontrare una singola persona?

Perché fin quando il bene è nella fase di uno non può agire, decomprimersi.

Ma è sufficiente il primo passaggio:

1+1 e già raddoppia di volume.

E' l'inizio di un processo.

Che ha questo andamento di sviluppo progressivo

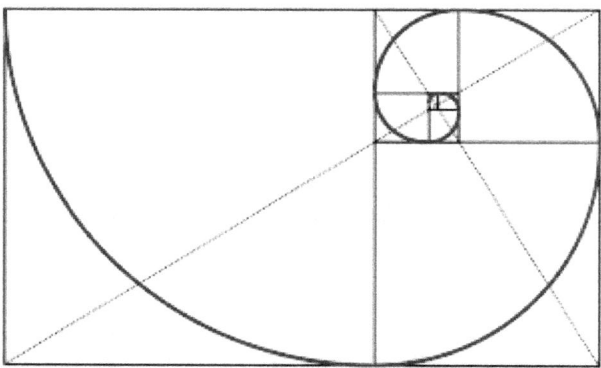

Il difficile è l'inizio, solamente l'inizio, ma poi l'evoluzione diventa inarrestabile. E se dopo il primo ciclo di rotazione la quantità sembra ancora secondaria, la forza di questa quantità sta nel suo potere di sviluppo e una volta ultimato il primo ciclo quello che sta per accadere è devastante: una espansione inarrestabile. Una decompressione difficile nella prima parte ma solamente il primo ciclo è faticoso, solamente quello!

Come può quindi il bene decomprimersi?

L'amore è la sua arma Universale! La più potente. Bombardando di amore l'esercito del male può ribaltare completamente le sorti dell'incontro!

Posizionarsi nell'amore significa mitragliare il male, lanciare missili perforanti che abbattono il sistema creato come un recinto di mura insormontabili e sbriciolandolo nel nulla, in pochi istanti.

Basta una scintilla di luce, uno spiraglio.

Entriamo sul lato pratico.

Soffrire per i mali del mondo significa alimentarli, è il **LORO** gioco!!!

Lamentarsi per la cattiveria del **nemico significa alimentarlo**.

Avere un falso dio, falsi miti, deformare il proprio patrocinio sorgivo significa fare il loro gioco.

Ma l'universo ci guida, ci dà indicazioni di un percorso da seguire, ci dona tutte le energie necessarie per risolvere, reagire, agire, semplicemente riposizionandoci nel bene, nell'amore.

Questo significa l'amore universale e non è un modo di dire, un luogo comune, una barzelletta.

Identificando i propri valori CADONO I MITI DEI FALSI VALORI.

Non serve accusare politici o malavitosi, sono vittime né più e né meno di quanto lo siamo noi!

Quello che è scritto in un libro o su un giornale, quello che viene detto alla radio o in televisione, dal pulpito o dal palcoscenico è un frutto della mente umana conseguente alla lettura mentale di qualunque argomento o valore. Ecco perché nascono scibili, vangeli, enciclopedie, collane, migliaia e migliaia di testi su ogni singolo argomento ma ogni argomento è trattato e ritrattato in migliaia di modi diversi da migliaia di persone diverse che sostengono una cosa simile in maniera diversa.

Il male desidera il caos, lo produce, diventa quasi impossibile con questo sistema attuale distinguere il giusto dall'ingiusto, c'è sempre un:

"Sì è giusto ma..."

"Mi piace ma..."

"E' bello ma..."

"Lo amo ma"

MA cosa?

MA come?

Come è possibile amare nel "forse" o nel "dipende" ?

Questo è il caos! Il disordine mentale!

MENTALE!

<u>Il cuore non va mai in disordine perché è l'organo dell'amore.</u>

Ma il sistema si è spostato sulla cultura, sul denaro, sugli averi, la sicurezza, l'ideologia, sul mentale, dove basta dire una cosa per renderla reale. E non importa se sia verità o falsità anzi, se si propagassero solo falsità sarebbe tutto più semplice, no! Si mischia tutto e non si capisce più nulla!

Chi può permettersi OGGI di affermare UNA, una sola indiscutibile verità?

Tutte le ideologie sono destinate a crollare tranne l'ideologia del cuore.

I politici ne stanno uscendo pazzi! PAZZI!!!

E il male gode, gode da impazzire!

"Votate, votate dai! Tornate a votare ancora una volta, manco sapete più per chi, manco lo sanno loro, cambiano nome, cambiano bandiera, cambiano idea, è il caos... che spettacolo!"

Il male ha usato i punti di forza del bene e li ha trasformati in punti di debolezza, si è insinuato proprio lì, dove stavano la stabilità, i sentimenti, i valori, l'ideologia, la fede spirituale creando il CAOS assoluto.

Religiosi che ammazzano religiosi! Ma di cosa stiamo parlando??

Politici che litigano tra politici, con i loro stessi confraterniti, si inculano a vicenda!

"Degrado, squallore, ipocrisia, depressione, confusione... è il momento di schiacciarli, alzare i prezzi, spremerli fino all'ultimo!

Vai con la benzina, le bollette, sempre più tasse, non basta spremere gli evasori, spremiamo anche i presunti evasori!

Vai cosìììì hahahahahahaha!!!"

Pittori che dipingono l'orrido, scultori che scolpiscono l'orrore, memoriali di celebrazioni per ricordare, perché *"non bisogna dimenticare"* hahaha con le loro stesse debolezze, con i loro canoni etici e con i loro presunti valori li stiamo sommergendo!

Generano e alimentano energia malevola persino quando sono convinti di fare del bene, del buono, sono convinti di sensibilizzare e rendere memoria e onore e riescono persino a tenere in vita sorgenti di dolore che si erano estinte!

Posizionarsi nell'amore significa anche non ridare più un solo istante di energia al dolore del passato!

E' ingiusto? **Certo chè è ingiusto se cadiamo nella trappola del male**, se applichiamo il nostro presunto criterio di "bene".

Il sole sorge oggi come allora, è questo che dobbiamo ricordare, memorizzare, divulgare!

I colori del tramonto, il profumo dei fiori, il cielo azzurro, le onde del mare.

Fare l'amore nelle acque, con le nuvole, l'erba, la roccia e le piante, accarezzare, toccare, sentire, provare, amare e godere di tutto questo.

Cosa avete provato baciandovi sotto le stelle, o sulla spiaggia, o in mezzo ai fiori? E quante volte lo avete fatto?

Devo continuare così a fare esempi?

Quanto desiderate un abbraccio, un dolce bacio al chiaro di luna?

Dimmelo, ditemelo: quanto lo desiderate, quanto?

E quanto costa? Chi lo impedisce?

Non potete comprarlo! Eppure è gratis!

Preferite lamentarvi però, sognarlo, reprimervi e negarvelo, piangere ma restare lì a soffrire, magari nella coppia malata, nella relazione che non va.

Posizionarsi nell'amore significa portare dentro di noi i colori del tramonto, le magie dei colori, della luce, delle forme del mondo. Bisogna conoscerle, esplorarle, scoprirle e custodirle, è il patrimonio sorgivo: è li che ci sono le risposte, le soluzioni, i grandi segreti dimenticati.

La rinascita avviene nel posizionamento.

Il bene e il male

E' possibile semplificare al minimo essenziale un insieme di argomenti, discorsi e studi in realtà enormemente ampi e complessi, di difficile lettura e interpretazione, dove non esiste oltretutto una verità o una realtà da cui è possibile estrapolare UNA verità proprio perchè ci possono moltissime verità tangenti all'infinito ognuna relativa ad una delle moltissime realtà tangenti all'infinito. Tante quante sono gli esseri viventi del pianeta terra, moltiplicato per tutti gli esseri viventi di altri pianeti, moltiplicato per il tempo e per tutti gli esseri viventi, animali, vegetali, cellule terrene e non dalle origini ad oggi e forse dalle infinite origini fino agli infiniti oggi, non escluso il futuro. Siamo nella pura filosofia, parateologia, chiacchiere.

Lo sviluppo di queste chiacchiere è paragonabile alle polveri cosmiche: immensi volumi di materia che non servono a nulla a meno che, aggregandosi e consolidandosi, uniscano la propria energia per dare vita ad una stella. Così, infatti nascono le stelle.

Ma questa è solo una breve introduzione per dire che l'argomento si può sviluppare all'infinito sviluppando all'infinito, di conseguenza, solo e solamente le polveri relative all'argomento stesso. Per creare una stella bisogna condensare tutta la polvere fino a giungere al punto in cui la luce si accenderà!

Entriamo quindi nell'essenza del discorso. Abbiamo due forze contrapposte:

il **bene** e il **male.**

Nel **bene** troviamo la luce, la materia, l'amore, la creazione, l'unione Nel **male** abbiamo il buio, la non-materia (nulla, materia oscura, antimateria, buco nero) la distruzione.

Il bene e il male non possono estinguersi a vicenda e neppure aumentare uno a danno dell'altro, possono solamente interagire, quello che aumenta è lo spazio, l'uni-

135

verso è in espansione e quindi c'è sempre più bene e sempre più male.

Il male può attaccare il bene, lo può colpire, soffocare, reprimere, aggredire, schiacciare, devastare. Non potendo acquisire maggior volume, sfrutta la sofferenza e così facendo fa del male a chi sta dalla parte del bene e si alimenta della sua sofferenza.

Ecco che anche chi è schierato nell'esercito di pace del bene e dell'amore, se bombardato, ferito, soffre... e così facendo dà energia al male, che gode e aumenta di energia ottenendo il suo scopo.

A parità di volume il male è numericamente inferiore al bene, ma ogni singola entità del male è enormemente più grande di ogni singola entità del bene.

Ecco perché un buco nero può assorbire migliaia di galassie implodendo nel suo ventre oscuro miliardi di stelle.

Ecco perché un singolo dittatore può reprimere e soffocare, governare e sfruttare milioni di persone.

Tutto questo avviene esattamente secondo le leggi che governano l'universo.

TUTTO!!!

Scritto da <u>Paolo Goglio</u>

www.paologoglio.com

Altri miei lavori nei siti:

www.codicedirinascita.com
www.parleremoallestelle.it
www.gladiatoridiluce.com
www.giornaledellavita.com
www.amoreconilmondo.com
www.vm40.org
www.corrieredellaluce.com

immagine di copertina:
© Angela Harburn - Fotolia.com